좋은 수업
만들기

좋은 수업
만들기

초판 1쇄 인쇄 2018년 9월 20일
초판 1쇄 발행 2018년 10월 5일

지은이 최섭

펴낸이 강기원
펴낸곳 도서출판 이비컴

디자인 이유진
마케팅 박선왜 원보국

주 소 (02635) 서울 동대문구 천호대로81길 23, 201호
전 화 02-2254-0658 팩스 02-2254-0634
등록번호 제6-0596호(2002.4.9)
전자우편 bookbee@naver.com
ISBN 978-89-6245-160-3 (13370)

「이 도서의 국립중앙도서관 출판예정도서목록(CIP)은 서지정보유통지원시스템 홈페이지
(http://seoji.nl.go.kr)와 국가자료공동목록시스템(http://www.nl.go.kr/kolisnet)에서
이용하실 수 있습니다.(CIP제어번호: CIP2018030314)」

좋은 수업
만들기

모든 선생님에게 제안하는

최섭 지음

이비락 樂

무엇이 좋은 수업일까?

학교에서는 학생들을 교육하기 위해 하루 하루 수업이 열리고, 학생들은 그 수업을 통해 조금씩 배우며 성장하고 있습니다. 저 또한 10년 차 교사로서 학생들을 가르쳐야 할 의무가 있기 때문에 당연하게 일상의 수업을 이끌어 갑니다. 하지만 교직 경력이 쌓이고 시간이 아무리 지나도 어떻게 하면 조금 더 좋고, 의미 있는 수업을 해야 할 것인지에 대한 고민은 사라지지 않고 계속되고 있었습니다.

'도대체 어떻게 수업을 해야 할까?'

이 질문은 처음에는 두려움에서부터 나왔습니다. 그 두려움은 학년 말에 학생들이 교사인 제게 주는 '학생들의 변화'라는 통지표로부터 오는 것이었습니다. 학생들은 제가 가르치지 않아도 매 순간의 인생

경험을 통해 성장한다지만, 학생들은 저와 함께 매일 6시간 정도의 시간을 보내는 동안 바뀌어 나가게 되고, 또 저를 닮아가는 두려움을 해마다 경험합니다. 특히 학년 말에 옆 반 선생님께서 "너희 반은 최섭이 23명 있는 것 같아."라는 말을 해주실 때는 제가 학생들에게 시간의 힘을 빌어 큰 영향을 미친 것 같아 교사가 학생에게 주는 파급효과에 놀라기도 하고 두려움을 느끼기도 했습니다. '내가 그럴 정도의 인간인가?', '나는 학생들과 제대로 수업하며 시간을 보내고 있나?'라는 부끄러움에서 '도대체 어떻게 수업을 해야 할까?'라는 질문이 나오게 된 것입니다.

두려움은 결코 나쁜 것이 아니라고 생각합니다. 오히려 두려움이 있기 때문에 미리 대비할 수 있고, 다시 같은 실수를 반복하지 않을 수 있으니까요. 먼저 용기 내어 그동안 외면했던 수업에 대한 두려움을 마주 하기 위해 이 두려움의 원인이 무엇인지 살펴보고자 했습니다. 그 원인은 바로 '무지無知'에 있었습니다. 대학교 시절부터 10년 차 교사가 되기까지 수업에 대한 고민이나 나눔을 제대로 한 적도 없고, 부끄럽지만 흔히 교육 고전이라고 이야기 하는 루소의 『에밀』이나 존 로크의 『교육론』, 페스탈로치의 『숨은 이의 저녁노을』과 같은 책들을 거들며 보지도 않았던 저에게 원인이 있었던 것입니다. 물론 고전을 비롯한 교육관련 책을 읽는 것이 좋은 수업의 모든 것이 될 수는 없지만, 그래도 책 만큼 수업에 대한 고민이 담겨져 있는 좋은 자료가 없다고 생각했습니다. 그래서 저는 '수업에서의 두려움에 대해서 나누어 보고 싶다.' '부족하지만 나름대로 여러 책들을 읽고 실제 나의 수업경험들을 되돌아 보며 수업에 대한 생각을 정리하고 싶다.'는 마음을 기저에 두고 이 책을 쓰게 되었습니다.

그런데 한편으론 책을 쓰면서 '과연 내가 수업에 대한 책을 쓸 자격이 있는 것일까?'에 대한 또 다른 물음표가 생겼습니다. 그리고 저는 이 물음에 대한 대답을 논어에서 찾았습니다.

내가 아는 것이 있는가? 나는 아는 것이 없다.
그러나 어떤 비천한 사람이 나에게 질문을 한다면,
아무리 어리석더라도 나는 내가 아는 것을 다하여 알려줄 것이다.

공자, 『논어_자한편』 중에서

그렇습니다. 저는 수업에 대해 아는 것이 없습니다. 또 제가 제일 수업을 잘 한다고도 생각하지 않습니다. 하지만 제가 수업에 대해서 했던 고민들이 '어떻게 수업해야 할까?', '좋은 수업은 무엇일까?'라는 질문을 하는 나 자신에게 대답을 하는데 도움이 될 것이라고 생각합니다. 또한 이런 의도로 정리한 것들이 혹시나 교육을 하는 다른 누군가가 좋은 수업을 만드는 데 조금이나마 도움이 되었으면 하는 바람입니다.

이 책은 여러 선배 선생님들의 수업에 대한 고민들을 저서를 통해 접하면서 했던 저의 고민과 실제 수업 상황에서 찾아본 좋은 수업에 대한 저의 생각들이 담겨져 있고, 어떤 부분에서는 수업 일기의 성격을 띤 부분도 있습니다.

교육이 학생의 본질을 이끌어내는 과정이듯, 좋은 수업도 선생님들께서 자신들의 내면의 본질을 이끌어 낼 때 나올 수 있다고 생각합니다. 학생들 각각의 본질이 다양하듯 선생님들의 내면의 본질이 나오는 수업도 다양할 수 있기에 이 책에서 나오는 모든 저의 수업에 대한 생각들은 절대적인 지식이나 강제성을 띤 지시사항이 아니라 하나의 제안으로 받아들여 주시길 바랍니다.

이 책이 나오도록 도와주신 출판사 관계자 분들께 감사드리고 응원해 주신 서현석 형님과 이석주 형님, 최찬용 고모, 한베드로 치과 한우석 원장님께 감사드립니다. 또한 교정을 도와주고 추천글을 써 주신 우지영 선생님, 김민아 선생님, 민지영 선생님, 이진우 선생님, 우철하 선생님, 장성휘 선생님께 감사드립니다. 글을 쓰는 데 아낌없는 조언을 해 주신 사랑하는 아버지와 어머니, 동생에게도 감사 인사를 드립니다. 마지막으로 제가 교육자로 발을 내딛을 수 있도록 도와주셨던 김보영 교장선생님께 감사 인사를 올립니다.

2018년 여름,
청수도서관에서 북한산을 바라보며
최섭

머리말

차
례

학생과 텍스트 사이

학생과 다른 학생 사이

학생과 환경 사이

1
부
.

좋은
수업이란?

본 내용으로 들어가기 전에 자신이 생각하는 좋은 수업의 가장 중요한 특징 2개를 생각해 보길 제안합니다. 이 책을 펼친 여러분들은 이제까지 많은 수업을 받아왔고, 이미 좋은 수업에 대해 답을 알고 있으실 겁니다. 저는 단지 그런 생각들을 모아 정리한 것에 불과합니다.

1.

2.

교육이란?

교육이란?

수업이라는 것은 교육이 일어나는 한 단위입니다. 그러므로 수업에 대한 논의에 들어가기 전에 교육에 대한 개념이 정리되어야 한다고 생각합니다. 소크라테스는 다음과 같이 교육의 정의를 내렸습니다.

> "교육은 용기와 힘과 지식을 갖추려고 노력하는 것이며, 이미 내재된 양심에 따라 신이 주신 길을 걸어가며, 영혼을 생각하는 것이다."
>
> 이지성, 『내 아이를 위한 인문학 교육법』 중

소크라테스는 모든 인간은 이미 내재한 자질을 가지고 태어난다고 믿었으며 대화법을 통해 원래 가지고 있었던 자질을 일깨워주는 것이 진정한 교육이라고 생각했습니다. 그리고 이러한 생각은 소크라테스가 정의한 '교육'이란 단어에 그 의미가 그대로 담겨 있습니다. 교육敎

育이란 "가르치고가르칠 교:敎 그것을 배우면서 자라는자라다 기를 육:育 것'입니다. 여기에서 가르친다는 의미는 교사가 일방적으로 지식을 전달하는 것이 아닙니다. 모두 알다시피 교육이라는 단어인 educate는 e밖으로 ducate이끌어 내다라는 어원에서 나왔습니다. 그러므로 가르친다는 것은 교사가 학생들에게 이미 내재해 있는 본질을 발현시키고, 학생들이 배움으로써 성장하고 변화할 수 있도록 안내해 주는 역할을 해주는 것입니다.

> 교육만이 나를 변화시키고,
> 우리를 변화시키고,
> 세상을 변화시킬 수 있다.
>
> 윤소정, 『인문학 습관』 중

배움이란?

그렇다면 배움이란 무엇일까요? 일본 가쿠슈인대학 교육학과 사토 마나부 교수는 『수업이 바뀌면 학교가 바뀐다』에서 배움의 의미를 배울 학 '學'이라는 글자를 풀이하면서 설명하고 있습니다. 배움이란 글자의 두 개의 x자는 교류할 교 '爻'를 의미하는 것입니다. 위쪽 'x' 모양은 선조의 영혼, 즉 문화유산과의 교류를 나타내며, 아래의 'x'모양은 아이들이 서로 교류하는 것을 의미합니다. 그리고 이 교류를 양쪽으로 감싸는 것은 어른의 手손 형상입니다. 아이들의 교류에 대해서 어른이

정성을 다해 두 손을 내밀고 있는 모양이 '學'^{배울 학} 자의 상부를 만들고, 하부는 이 관계를 아이가 중심이 되어 지탱하는 모양을 나타냅니다. 그래서 배움은 아이들이 교류하면서 서로 성장하는 관계를 구축하는 일, 그리고 그 교류는 교사가 도움을 주는 과정입니다. 정리해 보면, 배움이란 '학생이 중심이 되어 과거 선인들의 텍스트와 교류하고 친구들과 교류하는 과정에서 일어나는 것'이라 할 수 있겠습니다.

무엇을 가르치고 배울 것인가?

다음으로 학생들에게 무엇을 가르치고 배울 것인지에 대해 생각해 볼 필요가 있습니다. 학자들의 철학에 따라 다르겠지만 스위스의 교육가 페스탈로치는 "교육은 인간에게 행복을 부여하는데 기여한다."고 이야기합니다. 즉, 교육은 인간이 어떻게 행복해야 하는지 가르치고 배워야 한다는 것입니다.

행복이란 '진, 선, 미'를 추구하는 과정입니다. 그리고 진리와 선함과 아름다움은 행복으로 가는 길로 통해 있으며, 행복은 참되고 선하고 아름다운 것과 닿아 있습니다. 풀이해서 이야기하자면 학문에 정진해서 진리를 알아내거나 발견하는 것도 행복이고, 선을 행하면서 착하게 살며 인간을 이롭게 하는 것도 행복이며, 예술을 하면서 아름다움을 추구하는 과정도 행복입니다. 위에서 논의한 것을 바탕으로 이 책에서 이야기하고 싶은 교육을 한마디로 정리하자면!

'교육이란 학생들이 행복을 배움으로써 성장할 수 있도록 안내하고 이끌어내는 과정'이라고 제안하고 싶습니다.

> **교육이란 :** 학생들이 행복을 배움으로써 성장할 수 있도록 안내하고 이끌어
> 내는 것
> **행복이란 :** 진(진리), 선(선함) 미(아름다움)를 추구하는 과정

진리, 선함, 아름다움 사이의 관계

교육에 대한 논의에서 행복을 추구하는 과정인 진리, 선함, 아름다움에 대해서 이야기해보겠습니다. 진, 선, 미는 위에서 이야기했듯이 행복으로 통해 있고, 또 서로가 통해 있습니다. 각각에 대한 논의와 그 연결성에 대해서 다루어 보겠습니다.

○ 진리

> 진리는 마음속 깊은 곳에 인간을 넉넉하게 채워 주며, 인간이 타고 나온 여러 능력을 키워 주며, 하루하루의 삶을 즐겁게 해 주며, 행복을 주는 바로 그것이다. 인간의 본성 깊은 곳에 진리로 인도하는 열쇠가 있

다. 모든 인류는 그 본성이 같기 때문에 그 본성을 채워주는 길도 역시 같다. 그러므로 우리들의 본성 가장 깊은 곳에서 맑게 길러지는 이 진리는 또한, 인류의 보편적인 지혜가 될 것이다. 인간이여, 그대 자신들 즉 그대의 본성과 능력들을 안으로부터 느껴라. 이것이 자연 교육의 제1원리다.

페스탈로치, 『숨은 이의 저녁노을』 중

우리가 현재 분절해서 배우고 있는 여러 가지 학문은 인간과 우주에 대한 진리를 조각내 놓은 것에 불과하다고 볼 수 있습니다. 예를 들면, 인간에 관한 진리는 인문학, 경제학, 심리학, 고고학 등의 이름으로 나뉘어 있고, 우주에 관한 진리들은 천문학, 생물학, 물리학 등의 이름으로 나뉘어 있을 뿐, 결국은 인간과 우주에 관한 이야기입니다. 그런데 결국은 인간을 공부하는 것 또한, 우주를 공부하는 것과 맞닿아 있습니다. 그것은 인간과 우주는 결국 같은 물질로 되어있기 때문입니다.

과거로부터 인간은 나와 우주를 알아가고 싶은 지적 욕구를 충족시키기 위해서 끊임없이 고민해왔습니다. 그리고 그 과정에서 얻은 몇 가지 사실들이 '진리'라는 이름으로 전해왔습니다. 그런데 우리는 이미 이 진리를 알고 있으며, 위에서 페스탈로치가 이야기하듯, 교육이란 우리 안에 내재되어있는 본성과 능력들을 느끼고 일깨워주는 것에 불과한 것입니다. 이것은 우리가 우주에서 왔다는 것을 생각해 보면 충분히 가능한 것으로 추정해 볼 수 있습니다. 천문학자 이명현 교수에 의하면 실제로 우리 몸은 핵융합 과정에서 만들어진 원소들이 재활용되어 만들어진 수소 → 헬륨 → 탄소 → 네온 → 산소 '우주 먼지 Star dust'라고 합니다. 우리는 우주 먼지로서 우주와 인간에 대한 진리를 이미 알고 태어난 것입니다. 어쩌면 우리는 진리를 추구하며 하늘에 떠 있는 별처럼 빛나기 위한 존재로 이 세상에 온 것인지도 모르겠습니다.

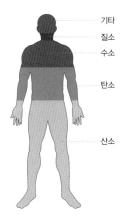

인간 신체 구성 요소(산소 65%, 탄소 18%, 수소 10%, 질소 3%, 기타 4%), 출처: wikipedia

> 우리도 코스모스 우주의 일부이다. 이것은 결코 시적 수사가 아니다. 인간과 우주는 가장 근본적인 의미에서 연결돼 있다. 인류는 코스모스에서 태어났으며 인류의 장차 운명도 코스모스와 깊게 관련돼 있다. 인류 진화의 역사에 있었던 대사건들뿐 아니라 아주 사소하고 하찮은 일들까지도 따지고 보면 하나같이 우리를 둘러싼 우주의 기원에 그

뿌리가 닿아있다.

칼 세이건, 『코스모스』 중

○ 선함

인간은 원래 착하게 되려 합니다. 어린이들은 착한 일에 귀를 기울입니다. 그러나 교육자들이여 어린이들이 선을 행하려 하는 것은 당신을 위해서가 아니고, 그들 자신을 위해서입니다. 교육자들이 어린이를 지도하는 목표로 세우고 있는 선은 본질에서 선한 것이어야 하며, 어린이들의 눈에 선하게 나타나는 것이어야 합니다. 또한, 착한 마음과 의연한 결단성을 도야하려면 순박함, 사랑, 그리고 아늑한 힘으로 인간의 마음속에 파고들어야 합니다. 그리고 인간은 이 본성에 따라 필연적으로 친절해지고 진리와 정의에 민감한 정서를 지니게 됩니다.

페스탈로치, 『숨은 이의 저녁노을』 중

이 말은 인간의 본성은 본질에서 선한 것이며, 교육자들은 이를 이끌어 줄 수 있도록 해야 한다는 뜻입니다. 본성에 비추어 볼 때 우리는 이미 무엇이 선한지 알고 있기 때문에 이러한 선함이 진리가 될 수 있고, 아름다운 예술로 표출될 수 있는 것입니다. 또한 진리를 찾다보면 필연적으로 선함에 이르게 된다는 사실을 역설해 줍니다.

절의가 굳어 고관대작 앞에서도 당당할 수 있고,

문장이 아름다워 흰 눈보다 고결할 수 있다.

그러나 만일 그것이 덕의 수양을 통해 나오지 않았다면,

절의는 한낱 사사로운 혈기일 뿐이고,

문장의 아름다움도 그저 말단의 기교일 뿐입니다.

홍자성, 『채근담』 중

○ 아름다움

저는 훌륭한 작품을 만들려 하기에 앞서 붓을 잡는 자세를 성실히 함으로써 먼저 뜻과 품성을 닦는 오히려 먼 길을 걸으려 합니다. 그리고 이러한 뜻과 품성이 비로소 훌륭한 글씨와 그림을 가능하게 하리라고 믿고 있습니다. 그리하여 최고의 예술작품은 결국 훌륭한 인간, 훌륭한 역사라는 사실을 잊지 않으려 합니다. 결국, 좋은 글씨를 남기기 위하여 좋은 사람이 될 수밖에 없습니다.

신영복, 『감옥으로부터의 사색』 중

예술도 사람이 하는 것입니다. 사람이 선하고 훌륭한 품성을 가지고 있어야 훌륭한 예술도 만들어 지는 것입니다. 왜냐하면, 예술은 사람의 표현이기 때문입니다. 음악도 문학도 운동도 미술도 각각의 예술작품으로만 평가되기 쉽지만 사실은 모두 그 사람이 담겨있는 예술가의 또 다른 분신인 것입니다. 그래서 예술을 통해 그 사람을 알 수 있고

그 사람을 통해 그의 예술을 알 수 있습니다. 이렇듯 예술과 사람의 품성은 통해 있는 것입니다. 신영복 교수는 자신의 저서 『담론』에서 미와 아름다움의 관계에 대해서 다음과 같이 이야기합니다.

> 미는 아름다움입니다. 아름다움은 글자 그대로 '앎'입니다. 미가 아름다움이라는 사실은 미가 바로 각성이라는 것을 의미합니다. 인간에 대하여, 사회에 대하여, 삶에 대하여 각성하게 하는 것이 아름다움이고 미입니다.
>
> 신영복, 『담론』 중

이 말은 아름다움은 인간에 대해서 각성하고 알도록 해 주고 아름다움을 추구하는 과정이 진리와 닿아 있다는 사실을 알려줍니다. 인간의 예술 행위는 이렇듯 진리를 알도록 해 주는 의미도 있는 것입니다.

앞에서 이야기 했듯이 수업은 교육의 한 단위로서, 교사와 학생들이 함께 만들어가는 가장 기본적이고 의미있는 활동입니다. 그렇다면 좋은 수업이란 어떤 수업일까요? 좋은 수업에 대한 정의는 여러 가지가 있습니다. 첫째, 한국학교컨설팅연구회는 『수업컨설팅 5G』에서 좋은 수업에 대하여 5가지 좋은^{Good} 특징으로 설명합니다.

좋은 수업이란
1) 교사의 짜임새 있고 체계적인 디자인$^{Good\ design}$에 맞춰
2) 효과적이고 교육적인 언어적 의사소통$^{Good\ telling}$과
3) 비언어적 의사소통$^{Good\ showing}$이 이루어지며
4) 학생의 적극적이고 즐거운 참여와 상호작용$^{Good\ involving}$을 바탕으로
5) 수업의 궁극적인 목적인 학생의 배움과 이해$^{Good\ understanding}$가 일
어나는 수업이다.

두 번째로 힐베르트 마이어는『좋은 수업이란 무엇인가?』에서 좋은 수업을 다음과 같이 정의하고 있습니다.

좋은 수업은
1) 민주적인 수업 문화의 틀 아래서
2) 교육 본연의 과제에 기초하여
3) 성공적인 교사와 학생의 학습동맹이라는 목표를 가지고
4) 의미의 생성을 지향하면서
5) 모든 학생의 능력의 계속된 발전에 기여하는 수업이다.

세 번째로 교사모임 아이함께의『내일 수업 어떻게 하지?』에서는 아래와 같이 좋은 수업을 정의하고 있습니다.

좋은 수업이란
1) 일상의 수업을 계속 성찰하는 가운데
2) 어제보다 조금이라도 더 교사와 아이들이 성장할 수 있는 수업이다.

마지막으로 윤소정 선생님은『인문학 습관』에서 다음과 같이 좋은 수업을 정의하였습니다.

좋은 수업은

1) 학생이 궁금해하는 것을 강연자에게 물어보며 소통하는 장을 마련하는 수업

2) 학생이 텍스트를 읽고 탐구한 상태에서 질문하는 수업

3) 교사의 생각을 내 것으로 소화하고 행동, 실천하는 시간을 갖는 수업이다.

이 책 전체에서는 위에서 이야기 한 좋은 수업에 대한 정의를 바탕으로 학생들과 상호작용하는 수업의 주체로 '학생, 교사, 텍스트, 다른 학생, 환경'을 설정하였습니다[24]. 좋은 수업이 되기 위해서 수업 주체

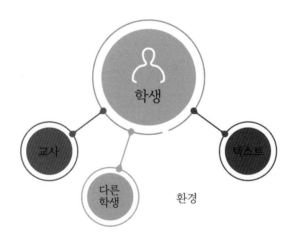

좋은 수업

좋은 수업을 위한 주체들의 관계도

들 간의 상호작용에 주목한 것입니다. 저는 이와 같은 논의들을 바탕으로 다음과 같이 "좋은 수업"에 대해 제안하고자 합니다.

> "좋은 수업이란 학생들이 행복을 배움으로써 성장할 수 있도록 학생과 교사, 학생과 텍스트, 학생과 다른 학생, 학생과 환경의 최선의 관계를 지원하는 수업이다."

앞에서 우리는 교육을 단순히 지식을 암기하고 뱉어내기만 하는 방식으로 해서는 안 되고 인간의 본질을 이끌어내는 방법으로 해야 된다는 것을 알았습니다. 이 사실은 무엇보다 교사들 스스로 이미 느끼고 있습니다. 즉, 좋은 수업을 위한 교사의 역할이 과거와 달라져야 한다는 말입니다. 김백균 선생님은 『쉬운 수업 레시피』에서 좋은 수업을 위한 교사의 역할에 대해서 다음과 같이 이야기하고 있습니다.

좋은 수업에서의 교사의 역할

1) 목표를 향해 나아갈 첫 방향 잡아준다.
2) 활동에 대한 위험요소를 미리 생각하여 부작용을 최소화해 준다.
3) 주도권의 한계를 지정해주는 규칙과 역할 정해준다.
4) 학생들이 한 공간에 모임으로서 공통된 의미와 가치가 발생하는 플랫폼^{발판}을 제공한다.

이처럼 교사는 학생들을 일방적으로 끌고 가는 것이 아니라 안내해주고, 아이들이 수업에서 의미를 찾을 수 있는 장$^{(場)}$을 마련해 주는 역할만 한 뒤, 진정한 배움의 주체인 학생들에게 주도권을 어느 정도 넘겨주면 되는 것입니다. 어쩌면 우리 교사들은 그동안 너무 많은 것을 억지로 학생들에게 주려고 과도한 역할을 수행한 결과 서로가 소진되는 불행을 가져왔는지도 모르겠습니다. 아래 인용한 페스탈로치의 말처럼 좋은 교사의 역할은 학습의 순서, 방법, 기술을 학생을 위한 배려와 사랑으로 풀어가기만 하면 되는 어찌보면 단순해 보이는 역할이라고 생각합니다.

어린이들에 대한 나의 배려와 사랑, 이것에서 모든 학습의 순서, 방법, 기술이 쉽게 풀려나옵니다. 이 외의 것을 나는 모릅니다.

페스탈로치,『숨은 이의 저녁노을』중

2부
: :

학생과
교사
사이

수업 의미 찾기

학생들이 수업의 의미를 찾고 공감하도록 도와주는가?

> 인간이 의미를 찾는 것은 그 사람의 삶에서 가장 기본적인 동기부여다.
>
> – 빅터 프랭클

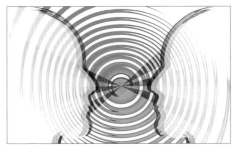

학생과 공감하는 교사, 출처: pixabay

학생	선생님, 수학은 왜 배워야 할까요?
	선생님, 수학은 누가 만들었어요?
	그 만든 사람 찾아가서 만들지 말라고 이야기하고 싶어요.
교사	뭘 물어봐. 시험 잘 봐야 되니까 배워야 하지.
	수학 만든 사람은 탈레스로 알고 있는데 돌아가셨어. 나중에 천국 가서 여쭤보고 책이나 피렴.

"선생님, 수학은 왜 배워야 할까요?"

이 질문은 학생들로부터 학년 초에는 꼭 한 번씩은 듣는 질문입니다. 물론 질문의 의도는 수학의 원리를 최초로 집대성했다는 그리스의 철학자 탈레스를 알고 수학의 역사에 대해서 궁금해서 하는 질문이 아닙니다. 수학이 하기 싫고 수학에서 의미를 찾지 못하고 있다는 소리입니다. 저는 이런 질문을 받을 때마다 "나도 어찌할 수 없어."라는 대답으로 학생들의 질문을 무시하고 바로 수업에 들어갔습니다. 학생들도 처음에는 몇 번 물어보다 '그냥 그런가 보다.'라고 여기면서 그대로 수업받게 되고 타율적으로 수업에 끌려 들어가게 됩니다.

교사는 수업 내용이 가져다주는 가치를 학생이 깨닫도록 도와주고 학생이 자신의 삶을 살아갈 수 있는 조력자 역할을 해야 합니다. 즉, 수업의 주체인 학생들이 수업 목표에 담긴 의미를 느끼고 자기만의 배움을 만들어나갈 수 있도록 도와야 하는 것입니다. 위 대화에서 학생들이 수업의 의미를 찾지 못하고 있을 때 제가 해야 할 일은 진도를 나가는 것이 아니었습니다. 그보다 앞서 수업의 의미를 학생들과 함께 찾거나 수업의 취지를 설명하는 일이 선행되었어야 했던 것입니다.

　그렇다면 어떻게 수업의 의미를 학생들이 느끼게 할까요? 제가 경험해 봤을 때 교사가 일방적으로 수업 주제의 의미를 제시해 주는 것보다 학생들이 직접 찾아보도록 하는 것이 더 좋고 자연스러웠습니다. 제가 속해 있는 혁신학교는 학생들의 놀이시간을 보장해주기 위해 아이들과 80분 묶음 수업을 합니다. 아무리 초등학생이라고 하더라도 목표의식이 없는 80분 수업은 힘들 수밖에 없고, 아무리 자기가 배우고 싶었던 수업이더라도 그 수업을 왜 받는지 모르면 수업 끝에 집중력도 떨어지기 마련입니다. 그래서 저는 수업 초반에 되도록 학습 목표에 담긴 의미를 같이 공감하는 시간을 갖습니다. 수업에 들어가기 전에 지금 하게 될 수업의 의미를 공감하고 수업을 조금이라도 갈망하도록 하는 것입니다. 특히, 이해하기 어려운 수업 단원을 들어갈 때 5분 정도 이야기하면 효과가 좋습니다.

　교사가 "왜 이것을 배울까?"라고 질문하면 몇몇 학생들이 자기 나름대로 이유를 설명하고, 다른 친구들의 그 이유를 듣고 내면화해서 스스로의 의지로 80분을 끌어갈 힘을 얻게 되는 것입니다. 이렇게 하면 교사도 억지로 수업의 의미를 제시하고 끌고 갈 필요가 없어서 덜 힘듭니다. 다음은 실제로 학생들과 수업의 의미와 이것을 배우는 이유를 나눴던 대화 장면입니다.

교사 오늘 학습 목표가 무엇인가요?

학생들 '합동인 삼각형을 그릴 수 있어요.'에요.

교사 그런데 왜 이렇게 합동인 삼각형을 그릴 줄 알아야 할까요?

학생 1 디자이너가 삼각형 모양을 그릴 때 필요할 것 같아요.

학생 2 똑같은 삼각형을 계속 그릴 때 알아야 할 것 같아요.

학생 3 똑같은 삼각형 모양으로 도구를 만들 때 필요할 것 같아요.

학생 4 장난감 부품이 똑같은 모양의 재료를 만들 때 필요해요.

> 만약 당신이 배를 만들고 싶다면, 사람들에게 나무를 모아오도록 닦
> 달하지도, 일감을 나눠 명령을 내리지도 말라. 대신에 넓고 끝없는 바
> 다를 갈망하도록 가르쳐라.
>
> 앙투안 드 생텍쥐베리

위 생텍쥐베리의 명언은 수업 의미 찾기의 중요성을 강조하는 말입니다. 단지 하나의 수업을 보는 것이 아니라 교육이라는 먼 길을 내다본다면 바다를 갈망하고 스스로 배를 만들 수 있도록 수업 의미를 나누는 5분이 아깝지 않을 것으로 생각합니다.

동기유발 _{관련성}

한형식 선생님은 『수업기술의 정석 모색』에서 교육은 '심근'을 단련하는 과정이라고 하였습니다. 우리가 운동하고 육체의 근육을 단련하는 데도 준비운동이 필요하듯, 교육에서도 마음을 열고 배울 수 있도록 준비운동시키는 과정이 필요한데, 이것이 바로 동기유발입니다. 동기유발의 중요성에 대해 프랑스 철학자 몽테뉴는 다음과 같이 이야기했습니다.

"아동교육을 할 때 가장 먼저 아이들의 흥미와 관심을 유발하지 않으면 주입식 교육이 되어서 교육의 의미가 사라진다."

이처럼 학생들이 교육의 의미를 잃어버리지 않기 위해서 '동기유발'이 필요합니다. 그렇다면 어떻게 동기유발을 해야 할까요? 바로 흥미와 관심을 불러일으켜 오늘 수업에서 배우는 내용을 알고 싶어 하는 욕구가 일어나도록 해야 합니다. 이렇게 유발된 흥미는 지금 받는 수업이 자신에게 도움이 되는 정보라고 확신시켜주고, 이러한 응답에 학생들의 뇌가 반응하여 훨씬 더 편안하고 자연스럽게 정보를 습득할 수 있도록 도와주는 것입니다.[33] 특히 학생들은 자신이 관련된 이야기나 자기 자신이 겪을 법한 구체적인 상황이 주어질 때 학습 동기가 커집니다.

동기유발을 하기 위한 흥미의 요소를 정리해 본 결과, 저는 '외부적 관련성-삶과의 관련성', '내부적 관련성-나와의 관련성', '인지적 부조화'를 동기유발의 주요 요소로 보고 접근해 보았습니다. 즉, 이러한 요소들을 수업을 시작하며 알려주게 되면 학생들은 더 흥미를 느낄 수 있는 것입니다. 여기에서 관련성이란 학습 내용과 활동이 학습자의 의미와 가치를 불러일으키는데 관련된 전략을 말합니다[21]. 즉, 동기유발을 위해서는 학생들의 과거, 현재, 미래의 삶과 수업 상황을 연결해 주면서 관련지어 주어야 한다는 것입니다. 그 첫 번째 요소인 외부적 관련성을 학생 외부의 실제 삶과 관련된 것으로 본다면, 내부적 관련성은 학생 개개인의 상황에 초점을 맞추었다고 볼 수 있습니다.

1. 외부적 관련성 - 삶과의 관련성
학생들의 실제 삶에 관련된 교육 내용인가?

페스탈로치는 『숨은 이의 저녁노을』에서 "생활이 터 잡고 있는 자리, 사람들은 저마다의 처지, 이것들이야말로 자연이 안겨 주는 교과서다."라고 이야기했습니다. 위 말은 실제 현실에서 가지고 있는 문제들과 환경들이 학생들에게는 어떤 교과서보다도 더 효과적인 교육내용이라는 말입니다. 학생들은 자신과 가장 가까이 있는 실생활의 사물이나 사람들과의 관계 속에서 진정한 성장을 하게 되는 것입니다. 신영복 교수님은 『감옥으로부터의 사색』에서 "한 사람의 실제 삶에 대해서는 알지 못하면서 그 사람의 생각을 다른 것으로 대치하려는 사고를 '폭력'이다."라고 까지 이야기하며 실제 삶의 중요성을 역설합니다.

또한 연구자들은 학생들의 실제 삶과 관련된 수업을 했을 때 수업의 효과가 크다는 사례들을 많이 제시하고 있습니다. 도나 워커 타일스톤이 『좋은 수업의 실제 10가지』에서 이야기하는 '고등학교 재구조화 프로젝트'를 대표적인 예시로 들 수 있습니다. 이 실험에 참여했던 고등학교는 미국에서 낙제율 72%에 달하는 심각한 학교였습니다. 하지만 학생들에게 학습이 학생들의 세상과 관계있다는 것을 수업 전과 후에 알려주도록 하였습니다. 단지 이러한 조치를 취했을 뿐인데 이 과정에서 학습이 존중되고 촉진되는 교실 분위기가 창출되어 학생들은 학습에 능동적으로 참여하게 되었습니다. 뿐만 아니라 학생들은 학습한 것을 실생활과 관련시키면서 창의적, 반성적 사고를 하게 되었다고 합니다. 그 결과 단 2개월 만에 낙제율 33%로 줄어드는 놀라운 성과를 얻었습니다. 학생들의 삶과 연관이 있는 수업은 실제로 학생들에게 효과가 있었으며, 실생활과 연관성을 찾지 못한 교육은 공허한 메아리가 될 위험성이 있는 것입니다.

> 우리가 훌륭한 사상을 갖기 어렵다고 하는 까닭은 그 사상 자체가 무슨 난해한 내용이나 복잡한 체계를 하고 있기 때문이 아니라 사상이란 그것의 내용이 우리의 생활 속에서 실천됨으로써 비로소 완성되는 것으로는 사실 때문입니다. 생활 속에서 실천된 것만큼의 사상만이 자기 것이며 그 나머지는 아무리 강론하고 공감하더라도 결코 자기 것이 아닙니다.
>
> 신영복, 『감옥으로부터의 사색』 중

진리는 인간이 이용하는 것이자 따라 행동하는 것이다. 그러므로 이 같은 진리를 입으로만 되뇌는 것은 우리 인류에게 아무 도움도 되지 않는다. 어떤 교육의 원리도 그것이 생활과 맞어진 직관적인 경험으로 받아들여질 때, 그때 비로소 그 원리는 참이 된다. 아이들은 수업내용조차 직관적으로 실제 상황과 관련이 있다고 의식해야 진지하게 받아들이는 것이다. 이것은 모든 것을 결정하는 중요한 요인이다. 이러한 경험적 배경이 없는 진리는 대부분 그들에게는 맞지 않는 놀이기구일 뿐이다.

페스탈로치, 『숨은 이의 저녁노을』 중

○ 전이

가정에서 가져온 사전지식을 반영하여 전이가 일어나도록 도와주는가?

실생활과 관련성을 띠는 교육내용을 제공하는 것이 왜 중요할까요? 그것은 바로 '전이'가 잘 일어나게 하기 위해서입니다. 전이transfer란 기존의 지식과 새로운 지식을 연결하는 뇌의 과정입니다.[57] 우리의 뇌에서는 새로운 정보가 들어올 경우 기존의 지식과 연관 지으려고 하는 경향이 있습니다. 그 과정에서 새로운 지식이 기존의 지식과 충돌하거나 도움을 주거나 하는 상호작용이 '전이'인 것입니다. 전이에는 두 가지 종류가 있는데, 과거에 학습된 지식이 새로운 정보가 들어오는 것에 도움이 되는 정적 전이적극적 전이, positive transfer와 새로운 정보가 들어오는 것을 방해하게 되는 부적 전이^{소극적 전이, negative transfer}가 있습니다.[37] 예를 들면, 라틴어 어원을 알게 되면 새로운 영어 단어의 뜻을 이해하는 데 도움을 주는데요. 이 경우엔 정적 전이가 일어났다고 볼 수 있습니다. 반면, 휴대폰을 바꿀 때 휴대폰 자판이 바뀌게 되면 기존의 자판에 익숙해져 있는 사전 지식이 새로운 자판에 익숙해지는데 방해를 하게 되고, 이때는 부적 전이가 일어나게 되는 것입니다.

학생들이 사전에 가지고 있던 문화와 새로운 지식이 관련이 있을 때 정적 전이가 더 많이 일어납니다. 그러므로 교사는 먼저 학생들이 교실 밖에서 가져오는 사전 지식을 파악하기 위해 학생들이 사는 지역이나 가정의 문화에 대해서 알아볼 필요가 있습니다. 특히, 학생들이 주로 듣고 쓰는 언어와 보편적인 학생들이 가지고 있는 교육 경험, 기회 등을 고려해야 합니다. 이를 통해 학생들이 교실에 가져온 사전 지식을 파악하고 새로운 지식과 수월하게 연결할 수 있습니다. 예를 들어, 주변에 스케이트장이 있어서 대부분 학생이 스키보다는 스케이트를 자주 경험해 본 상태라면, 서술형 문제에서 주어진 문제 상황을 스케이트 장의 상황으로 바꿔서 제시한다면 훨씬 친근감 있게 문제에 접근할 수 있을 것입니다. 또 다른 예로, 제가 근무했던 학교에서는 주로 주택이 많이 있었는데, 방학 중 안전사고 예방으로 나온 교육자료에서는 엘리베이터에서의 안전사고에 대해 초점이 맞춰져 있었습니다. 저는 이 자료를 주택에서 일어날 수 있는 안전사고로 주제를 바꿔서 수업에서 다룸으로써, 학생들은 더 실제적이고 도움이 되는 안전교육을 받을 수 있었습니다.

친근성의 원리

교육은 아이들에게 가장 가까운 생활권에서 비롯하여 점차로 확대되어 가야 한다. 그는 이 생활권을 '안방'이라는 확고한 중심점을 기축으로 하여, 동심원적으로 확대시켜 간다. 동심원의 첫째 층은 안정된 정서 도야를 맡는 가정이며, 둘째 층은 자신의 능력과 형편과 처지에 알맞은 직업선택과 사회참여의 길을 훈련받는 학교이며, 셋째 층은 이웃과의 유대감과 상호 협동의 정신 및 시민적인 의무감을 도야받는 사회라고 생각했다.

김정환, 『페스탈로치의 생애와 사상』 중

도나 워커 타일스톤은 『좋은 수업의 실제 10가지』에서 전이가 일어나기 쉽도록 사전 지식을 만드는 세 가지 전략을 제안합니다.

① 연합 전략

보편적으로 있다고 생각한 사전 지식도 몇몇 학생들은 갖추고 있지 않은 경우가 많습니다. 그러므로 새 단원을 시작하기 전에 브레인스토밍을 통해서 주제에 필요한 사전 지식을 같이 모으는 연합 과정이 필요합니다.

② 유사성 전략

기존에 가지고 있는 지식과 유사한 상황을 상기시켜 새로 학습할 지식과 연결해 줍니다.

③ 구별 전략

기존의 지식과 독특하게 구별되는 차이점에 초점을 맞추어 강조함으로써 정적 전이가 일어나도록 도와줄 수 있습니다.

○ 교실화 수업

배움을 교실의 삶과 연결하는가?

위에서는 학생들의 삶과 가장 친밀한 관련이 있는 가정의 문화와 사전 지식을 교실에 어떻게 가져올 것인지에 대해 이야기해 보았습니다. 그렇다면 두 번째로 학생들의 삶에서 가까운 곳은 어디일까요? 그 답은 학생들이 보내는 시간이 가정 다음으로 가장 많은 '교실'입니다. 학생들의 삶은 가정 다음으로 교실과 많은 부분이 밀접하게 맞닿아 있습니다. 어찌보면 가정의 상황은 개인별로 차이가 크게 나는 경우가 많기 때문에 가장 많은 공감대를 불러일으키는 삶의 장소는 교실이라고도 볼 수 있습니다. 수업을 교실의 삶과 관련되도록 만드는 과정을 '교실화'라고 합니다.[19] 김백균 선생님은 『쉬운 수업 레시피』에서 '교실화 수업'이란 '학습과 관련된 것을 교실 상황과 연결하는 수업'을 말하고, 다음과 같은 장점이 있다고 이야기합니다.

① 학생들이 배우는 지식이 실제 삶과 연결되어 있다는 것 느낄 수 있다.
② 교실 이야기를 수업에 담는 것은 학생들의 심리적 거리를 가장 가깝게 하여 수업의 과정을 쉽게 하여 배움의 영향력을 극대화할 수 있게 한다.
③ 가장 많은 시간을 보내는 교실에서 친구들과 더욱 친밀한 관계를 형성할 수 있다.

교사는 교육과정을 가르치는 사람이지 교과서대로만 가르쳐야 하는 사람이 아닙니다. 교과서 수업이 현재의 교실 상황과 동떨어졌다고 판단한다면, 그 수업을 교실화 수업으로 바꿀 수 있는 권리가 있습니다. 즉, 교실화 과정을 통해 학습 목표나 학습 방법을 재구성하여 실제로 교실에서 적용할 수 있도록 변화시킬 수 있는 것입니다. 예를 들어, 수학 시간에 단지 '부피를 구할 수 있다.'라는 주제를 주기보다는, 이를 교실화 수업으로 변환하여 '우리 반의 부피를 구할 수 있다.'로 바꾸어 실제로 우리 반의 부피를 구하면서 수업 주제와 가까운 심리적 거리를 유지할 수 있습니다. 또 '축척을 알고 지도를 그릴 수 있다.'라는 주제일 경우에는 '축척을 이용하여 우리 학교 지도를 그릴 수 있다.'로 바꾸어 실제 삶과 연결된 살아있는 지식으로 배움을 극대화할 수 있습니다.

교실화 수업의 예시

심리적 거리가 먼 수업 목표	교실화 수업 목표
부피를 구할 수 있다	우리 반의 부피를 구할 수 있다
축척을 알고 지도를 그릴 수 있다	축척을 이용하여 우리 학교 지도를 그릴 수 있다
사회관계도를 구할 수 있다	우리 반 아이들의 사회관계도를 구할 수 있다
영어로 건물의 위치를 설명할 수 있다	외국인 학부모가 수업 참관을 오셨을 때, 가시고자 하는 우리 학교 교실을 영어로 안내할 수 있다
속력을 구할 수 있다	내가 걸을 때 / 뛸 때 속력을 구할 수 있다

2. 내부적 관련성 - 나와의 관련성

나와 관련이 있는 내용인가?

나^{내부적}와의 관련성이란 학습을 개개인의 상황과 연관지어 주는 것을 말합니다. 학생들은 새로운 정보가 개인의 삶과 관련 있다는 생각이 들면 더욱 몰입하고 진지하게 수업에 임하게 됩니다. 이는 개인적인 상황과 수업 내용을 연관지어 주는 것이 학생들의 뇌가 현재의 배움이 중요하다는 확신하게 해 주고, 생존을 위해 내적 동기가 발휘되도록 도와주기 때문입니다.

이렇게 내부적 관련성을 갖게 되면, 학생들은 내적 동기가 증가하고 다른 사람들의 평가에 흔들리지 않는 자기만의 기준을 가질 수 있습니다. 그러므로 교사는 학생들에게 앞으로 배울 내용이 얼마나 유익하고, 그것을 모르는 사람들보다 어떤 종류의 힘을 가지게 되는지 이해할 수 있도록 도와줄 필요가 있습니다. 구체적으로 학생들이 자신의 배움을 개인에게 중요한 것으로 여기고 내부적 관련성을 갖도록 하기 위해서는, 배움이 학생들의 기본적 욕구를 만족시켜주거나 개인적인 목표를 달성하기 위해 도와줄 수 있어야 합니다.

○ 기본적 욕구 충족

학생의 기본적 욕구^{저차원적 욕구}를 충족시켜 주는가?

내가 생각하는 재미있는 수업이란?

- 내가 즐거운 수업
- 쓰는 것이 별로 없는 수업
- 몸을 많이 쓰는 수업
- 친구들과 함께하는 수업
- 할 수 있는 만큼 공부하는 수업
- 자유롭게 소통할 수 있고 자유롭게 활동할 수 있는 수업

우리 반 학생들을 대상으로 재미있는 수업에 대해서 자유롭게 이야기해 본 적이 있습니다. 그 결과 위와 같은 의견들이 나왔었습니다. 이를 통해 알게 된 것은 학생들이 자기 자신의 욕구를 수업에서 풀고 싶어 한다는 것이었습니다. '내'가 즐거워지고 싶고, '내'가 힘들지 않은 선에서 자유롭게 몸을 쓰면서 움직임의 욕구도 풀고 싶은 것입니다.

행동은 동기에 의해 일어나며, 동기는 욕구에 의해 유발됩니다[23]. 여기에서 말하는 욕구want는 자기 내부에서 나온 필요성이고 시간적으로는 현재와 미래에 대한 필요성을 이야기하고 있습니다[52]. 욕구를 만족시키는 것은 우리의 생존과 직접적인 연관이 있습니다. 그리고 우리의 뇌는 생존을 위해 학습하도록 설계되어 있기 때문에 생존에 유용하고, 실제적이며, 사실적인 것으로 인식되는 것을 매우 잘 학습합니다. 교사가 다음에 나오는 페스탈로치의 글처럼 일상적인 욕구를 충족하고 사랑과 만족감을 느끼도록 도와줄 때 수업과 자기 자신과의 관

련성을 더 잘 느끼게 되는 것입니다.

> 아이들을 먼저 넓은 마음을 갖도록 키워라. 그들의 일상적인 욕구를 만족시켜줌으로써 그들에게 사랑과 만족감을 느끼게 하라. 이렇게 하여 그들의 마음 깊숙한 곳에 사랑과 만족감이 자리잡고 확고해지도록 하자.
>
> 페스탈로치

사람들이 원하는 욕구들을
매슬로우의 욕구 단계에 맞춘 분류표

자아실현의 욕구	꿈과 희망을 고취하라
존중의 욕구	교육해 주어라
애정/소속의 욕구	긍정적인 정서를 유발하라 – 사랑, 행복, 웃음, 자신감 기분을 좋게 해 주어라
안전의 욕구	안전을 제공하라 – 주거지, 안전 예방책, 건강 삶을 편하게 해 주어라 문제를 해결해 주어라
생리적 욕구	기본적인 욕구들을 충족시켜라 외모를 발전시켜라 – 몸매, 영양, 옷, 화장

학생들의 기본적인 욕구에 대해서 알아보기 전에 매슬로우의 욕구 단계를 살펴볼 필요가 있습니다. 매슬로우의 욕구 단계는 생리적, 안전, 애정/소속, 존중, 자아실현의 5단계로 나뉩니다. 저는 이 매슬로우의 욕구 단계를 『부의 추월차선』의 저자 엠제이 드마코가 밝힌 사람들

이 원하는 욕구들을 앞쪽의 표처럼 구체화시켜 보았습니다. 수업에서도 이러한 욕구들을 알고 충족하도록 도와준다면 학생들은 자신과의 연관성을 강하게 느끼고 동기를 일으키게 됩니다. 인간은 자기의 불편함을 개선하기 위해 사고하게 되며, 그러한 노력이 능동적으로 수업에 참여하도록 도와주기 때문입니다. 기본적인 욕구를 충족시켜주는 몇 가지 예시들을 아래에서 살펴보겠습니다.

● 정신적 고통을 완화해줄 때

학생들은 지금 자기가 처한 삶의 고통을 완화하고 불편함을 개선하기 위해서라면 더 능동적으로 수업에 참여합니다. 예를 들면, "명상방법을 배운다면 지금 현재 가지고 있는 두려움이나 스트레스가 많이 줄어들 수 있을 겁니다.", "이마고 대화법을 배운다면 가족과 심리적 갈등을 덜 겪고, 가족관계도 쉽게 풀릴 거예요."와 같은 방법으로 학습 목표와 현재 학생들의 문제 해결 가능성을 연결한다면 내부적 관련성을 높일 수 있는 것입니다. 연관지어 주었을 때, 학생들은 본능적으로 더 몰입하고 진지하게 수업에 참여합니다.

● 재미있게 만들어 스트레스를 해소해 줄 때

존 로크는 『교육론』에서 "교사는 자신이 가르치는 모든 것을 아이들이 유쾌하게 배울 수 있도록 만들어야 하고, 이것이야말로 아이들 마음속에 교사에 대한 애정을 불러일으킬 수 있는 유일한 방법이다."라고 이야기했습니다. 제가 유머러스하지 않아서 힘든 부분이지만, 학생

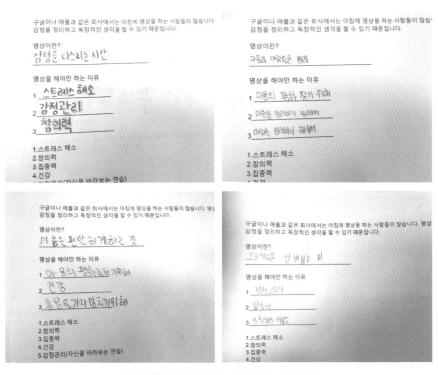

개인의 욕구를 충족시키는 수업 사례 – 명상수업

들이 교사를 통해 학습 내용에 재미를 느낀다면 더 즐겁게 수업에 귀를 기울일 것입니다. 또한 재미와 웃음을 줄 때 '스트레스 해소'라는 정서적 욕구를 충족시켜 줄 수 있기 때문에 배움을 더 잘 유지할 수 있는 확률도 높아집니다. 저처럼 유머러스하지 않은 선생님들도 학생들이 수업에서 재미를 느끼게 해 줄 수 있는 '준비물 없이 하는 놀이활동'을 부록으로 실어두었습니다. 더 관심이 있으신 분들은 『허쌤의 수업 놀이』와 『저학년 수업 놀이』를 추천합니다.

무엇을 배워야 하는지 찾아내는 것은 학생의 몫이다. 교사의 몫은 그가 그렇게 할 수 있도록 하는 일, 재치 있게 그 욕구가 일도록 하는 일, 그런 다음 그 욕구를 충족시켜주는 수단을 제공해주는 일이다. 교사가 해야 할 중요한 일은 학생 자신이 하는 모든 것이 무슨 쓸모가 있는가, 그리고 자기가 믿는 모든 것에 대해 그 이유를 발견하게 할 줄 알아야 한다. 학생에게 지식을 가르쳐주는 것이 중요한 게 아니라 필요할 때 지식을 획득하는 방법을 가르쳐주고 지식의 가치를 정확하게 가늠하도록 하는 것이다.

루소,『에밀』중

거칠고 혼란스러운 분위기 안에서도, 이 어린이 속에 간직된 굳센 본성의 힘이 여러 모로 싹트는 것을 나는 보았습니다. 사물의 기본적인 관계를 그들에게 직관시키며, 건전한 감각과 하늘이 주신 지적 능력을 발전시키며, 여러 능력을 자극하고자 힘썼습니다. 그런데 여기에는 일상생활의 필요와 욕구를 반영하는 것이 매우 효과적이라는 것을 나는 알았습니다.

페스탈로치,『숨은 이의 저녁노을』중

○ 개인적 목표 달성

학생 개인의 목표^{고차원적 욕구}를 달성하도록 도와주는가?

개인적 목표 달성은 매슬로우의 욕구 단계 중 애정/소속, 존중, 자아실현의 욕구를 충족시켜주는 것과 관련이 있습니다. 저는 개인적 목표를 기간의 길이에 따라 단기적 개인 목표와 장기적 개인 목표로 나누어 설명해 보았습니다.

① 단기적 개인 목표

단기적 개인 목표는 수업시간 안에 바로 즉각적으로 구체적인 성과를 보여주는 목표입니다. 이 목표는 작은 성공을 경청하도록 함으로써, 점진적으로 장기적 목표를 이뤄 나갈 수 있는 힘을 제공합니다. 교사는 즉각적인 성공을 느낄 수 있는 단기적 목표를 제시하고 학생들의 숙달 결과를 피드백함으로써, 학생 스스로 '내가 해냈어!'라는 자신감을 가질 수 있도록 도와줄 수 있습니다. 예를 들어, 달리기 수업에서 '자세와 호흡법을 바꿈으로써 지난 시간에 쟀던 기록 경신하기'와 같은 목표를 들 수 있습니다. 이러한 단기적 목표를 학생들 주변 사람들의 격려 가운데 자주 이루어 나가게 되면 애정/소속과 존중의 욕구를 충족시키고, 결과적으로 내재적 동기가 생기도록 도와줍니다. 즉, 학교의 삶에서 가장 가까운 친구들이나 선생님들로부터 인정과 애정을 통해 학생들은 자존감이 증진되어 더 적극적으로 수업에 참여할 수 있는 힘을 얻게 되는 것입니다.

학생들이 위 예에서 언급한 달리기 수업에 참여함에 따라 기록을 경신하고 공개적 칭찬이나 박수를 받음으로써 자존감을 증진할 수 있다면, 학생들은 이 목표를 단기적 개인 목표로 삼을 것입니다.

② 장기적 개인 목표

장기적 개인 목표는 매슬로우의 욕구 단계 중 가장 높은 단계인 자아실현의 욕구와 관련이 있습니다. '이 수업에 참여한다면 자신이 원하는 과업을 이루거나 직업을 얻는 데 도움이 될 수 있다'는 것을 알려주는 목표인 것입니다. 예를 들어, 여러 가지 도형을 그려보는 활동이 나중에 자신이 원하는 디자이너가 되는 데 도움이 될 것이라고 알려준다면 자신이 원하는 직업을 갖고 자아실현을 한다는 장기적 개인 목표와 연관지어 동기부여를 시킬 수 있습니다.

또한 도나 워커 타일스톤이 그의 저서 『좋은 수업의 실제 10가지』에서 "교사들은 학생들이 개인적 목표를 세우도록 도와주어야 할 뿐만 아니라, 목표를 정했다면 그 목표에 대한 점검하고 공언할 수 있도록 도와야 한다."고 이야기합니다. 다음에 나오는 예시는 학생들과 함께 단기 개인 목표와 장기 개인 목표를 공언해보는 활동을 했던 활동지 사례입니다.

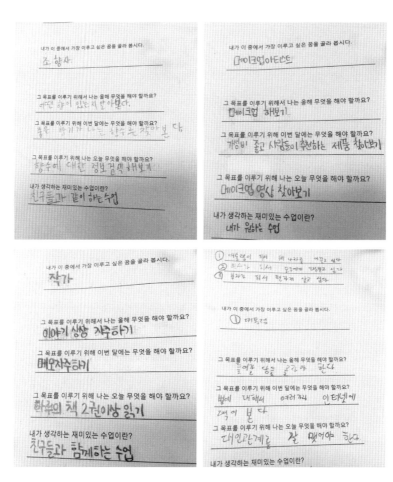

개인의 욕구를 충족시키는 수업 사례 – 단기 목표, 장기 목표

3. 인지적 부조화 - 심진(心震)

모순되는 정보에 접근하여 지적 균형을 잃게 하는가?

한형식 선생님은 『수업기술의 정석 모색』에서 인간은 자신이 가지고 있는 지식이나 상식, 경험이 대립하거나 모순되는 정보에 접근하여 지적 균형을 잃게 되었을 때, 깨어진 균형을 회복하려고 노력하는데, 이 지적인 노력이 바로 '심진(心震)^{인지적 부조화}'이다."라고 하였습니다.

왜 이러한 심진^{인지적 부조화}이 일어나게 되는 것일까요? 인간은 어떤 정보가 들어올 때 자신의 경험과 상식에 바탕을 두고 바라보게 됩니다. 그리고 되도록 그 안에서 자신의 경험에 일치시켜 안정감을 느끼고 싶어 합니다. 하지만 기존의 경험과 상식에 맞지 않는 정보가 들어올 경우에는 인지적 균형을 일으키고 심진이 일어나게 됩니다. 이렇듯 새로운 것을 배우는 과정은 안정감을 깨고 변화해야 하는 어려운 길입니다. 한재훈 선생님은 『서당 공부, 오래된 인문학의 길』에서 배움의 어려움에 대해서 다음과 같이 이야기하고 있습니다.

익힐 습^習자는 깃 우^羽와 흰 백^白이 합쳐진 글자로서 '날개가 하얗다.'고 해석할 수 있습니다. 날개가 하얗다는 것은 어린 새가 공중에 자기 몸을 던져서, 날개가 하얗게 보일 정도로 날개를 매우 빨리 움직이는 모습이라고 볼 수 있습니다. 새로운 것을 배우는 것도 어린 새처럼 날기 위해 낯설고 위험한 상황에 기꺼이 몸을 던지는 용기와 죽기 살기로 몸부림치는 날갯짓의 절실함을 가져야 합니다. 그런 용기와 절실

함 없이 그저 바라기만 해서는 결코 변화와 성장이 이루어질 리가 만무합니다.

한재훈, 『서당공부 오래된 인문학의 길』 중

이처럼 학생들이 새로운 것을 경험하는 것은 어린 새가 용기 내어 날갯짓을 하는 것에 비유될 정도로 어려운 과정입니다. 그리고 이로 인해 생긴 부조화를 통해 다시 인지적 균형을 잡는 과정에서 '사고'를 하게 되는 것입니다. 우리가 심진을 일으켜 인지적 부조화를 일으켜야 하는 이유가 여기에 있습니다. 용기를 내어 새로운 경험을 함으로써 심진이 일어나고, 이렇게 발생한 심진을 통해 현재의 문제의식과 흥미가 유발됩니다. 그리고 이러한 인지적 부조화에 익숙하게 될 때까지 반복해서 익힘으로써 자신의 관점과 사유를 새로운 차원으로 성장시킬 수 있는 것입니다[20]. 구체적으로 심진을 일으키는 세 가지 방법을 아래에서 소개하고자 합니다.

○ 지적 갈림길에 서게 한다

인간은 지적 갈림길에 섰을 때 망설이고 사고하는 본성을 가지고 있습니다. 학생들에게도 애매하고 불확실한 정보를 제공하여 지적 갈림길에 서게 한다면 심진을 일으킬 수 있습니다. 학생들은 서로 모순된 답이 주어진 상황에서 헷갈리고 망설이게 되고, 이 과정에서 더 능동적인 학습자로 바뀌게 되는 것입니다. 예를 들어, '정의'에 대해서 학습할 때 다음과 같이 지적 갈림길에 서도록 할 수 있습니다.

교사 기관차가 달려오고 있습니다. 그런데 달리는 방향에 10명의 인부가 움직이지 못하고 일을 하고 있다. 그래서 그대로 가면 10명이 죽기 때문에 옆길로 틀려고 했더니 그쪽에는 1명의 인부가 있었습니다. 당신은 어떤 선택을 할 것인가요? 그냥 두어서 10명을 살릴 건가요? 아니면 방향을 틀어서 한 명만 죽게 놔둘 것인가요?

이 유명한 딜레마 문제를 통해 학생들을 정답이 없는 갈림길에 서도록 도와줄 수 있습니다. 자기 의지를 넣어서 한 명을 희생시키는 선택을 할 것인지, 아니면 주어진 상황에서 자기 의지가 들어가 한 명의 사람을 죽였다는 양심의 가책을 받지 않기 위해서 그대로 가는 선택을 할 것인지 고민하는 심진에 빠지게 되는 것입니다. 이런 상황에 몰입한 결과, 학생들은 적극적인 학습자가 되어 수업에 참여합니다.

○ 기존에 알고 있던 것과 모순되는 정보를 준다

인간은 사회적 동물이기 때문에 본능적으로 서열을 매깁니다. 교실에서도 마찬가지 입니다. 교사가 아무리 민주적으로 강의를 진행한다 하더라도 학생들은 무의식 속에서 우두머리로 인식합니다. 즉, 교사는 교실 앞에서 발언권을 갖고 강의하는 것만으로도 지적 권위를 가지고 있는 것입니다. 학생들이 교사의 말을 절대적으로 신뢰한다는 것은 리더로서 믿음을 받고 있다는 의미일 수는 있습니다만, 무조건적인 믿음이 반복되면 비판적인 사고를 하지 못 하게 되어 스스로 생각하는 힘을 잃어버리게 될 위험성이 있습니다. 저는 수업에서 때때로 아래의 대화처럼 시치미를 떼며 오^(誤)개념을 가진 학생 역할을 연기하곤 합니다. 학생들은 이런 저의 의견을 들으며 '분명히 내 의견이 맞고 선생님이 틀리셨는데…?'라고 생각하면서도 당황하곤 합니다. 아래 대화처럼 학생들은 자기가 분명히 맞다고 믿는 생각이 반대 의견에 맞닥뜨리게 되면, 심진이 일어나고 자기 의견이 정말로 타당한지 다시 한번 되짚어 보면서 의견을 더 정교화시키는 과정을 갖는 것입니다.

교사　합동인 삼각형을 그려보겠습니다.
　　　(일부러 각도기의 중심을 선분 끝과 어긋나게 한 상태로 각도를 잘못 재면서)이렇게 재면 되겠죠?

학생　?? (심진)

학생　선생님. 그렇게 재면 안 되는 데요.

교사　(시치미를 떼며) 왜 안돼? 그냥 각도 이렇게 재면 되지 않을까?

학생　그렇게 재면 맞지 않아요. 가운데 각도기의 중심이 선분의 한쪽 끝에 정확히 와야 해요.

교사　왜 그렇지?

학생　그렇게 재면 밑의 공간의 각도까지 재서 원래 재려던 각도와 어긋나게 되거든요.

또한, 학생들은 무의식중에 교과서 텍스트가 무조건 옳다는 생각을 하고 있습니다. 물론 교과서가 좋은 텍스트인 것은 맞지만 완벽한 텍스트라고 생각하는 것은 위험하다고 생각합니다. 그래서 저는 텍스트 중에서 틀리거나 이상하다는 생각이 드는 부분을 만나면 틀린 그림을 찾은 것처럼 좋아합니다. 왜냐하면 교과서에도 모순이 있다는 사실을 통해서 학생들이 교과서를 신봉하는 선입관을 깰 수 있고 교과서에 대해 비판적으로 사고할 수 있기 때문입니다. 또 이런 교과서의 오류들이 종종 재미있는 논의 거리를 수업에 가져오기도 합니다. 예를 들어, 5학년 사회 교과서에서 대한민국의 수출·수입 품목이 나오는 그래프가 게재되어 있는데요. 그래프에서는 반도체를 수출도 많이 하고 수입도 많이 하는 것으로 나옵니다. 이 그래프를 보면서 학생들은 의아해했고, 학생들과 왜 이런 결과값이 나오게 되었는지 상상해 보며 재미있게 토론했던 경험이 있습니다.

○ 지적으로 놀라게 한다

"학생들은 원래 떠들고 산만해." 경력이 많으신 옆 반 선생님이 종종 해주시던 말입니다. 존 로크도 『교육론』에서 "학생들의 기질은 원래 산만하게 떠드는 것이고, 이들의 마음을 사로잡는 것은 새롭고 신기한 것뿐이다."라고 이야기했습니다. 이는 학생들의 산만한 마음을 사로잡는 좋은 방법이 '놀라움'을 주는 것이라는 점입니다. 학생들은 자신이 예상했던 규모나 상황이 다른 경우, 놀라면서 동기유발을 합니다. 예를 들어, "지구 적도의 길이는 4만km인데요, 사람의 혈관 길이

총합은 10만km로서 적도의 길이를 두 번 반 감을 수 있다는 사실을 알고 있나요?" "우리가 조선 시대에 초기에 태어났다면 우리 반 학생 22명 중에서 10% 즉, 2명만 공부할 수 있는 양반이라는 사실을 알고 있나요?" 등의 질문을 받게 되면 학생들은 지적으로 놀라면서 수업에 더 집중하고 몰입하게 됩니다.

구체성 ^{간결성}

목표와 활동을 제시할 때 15초를 넘지 않으며 구체적이고 간결하게 지시하는가?

교사 　자, 여러분. 이제 56쪽의 3번 문제와 4번 문제를 풀어볼 거예요. 준비된 친구들은 풀기 시작하세요.

학생1 　선생님! 근데, 이제 뭐 해요?

교사 　......방금 말해 줬잖니?

학생1 　무엇을 해야 되는지 모르겠어요. 다시 설명해 주세요.

학생2 　선생님, 공책 말고 책에다가 풀어도 돼요?

학생3 　선생님, 저 다했는데요. 뭐해요?

교사 　!!

위와 같은 대화는 저희 반 교실 수업 상황에서 흔히 나오는 광경입니다. 경청이 안 되는 친구들이 문제일 수도 있고 집중하지 않은 학생들의 탓으로도 돌릴 수 있습니다. 하지만 교사에게도 수업 활동과 목표를 구체적으로 전달하지 못한 책임이 어느 정도 보이는 상황입니다. 학생3과 같은 상황은 학습 수준이 현격히 차이가 나는 수학 시간에 특히 많이 일어납니다. 한쪽 학생은 아직 시작도 하지 못했는데, 다른 한쪽 학생은 다 끝내고 놀면서 아직 못한 친구를 방해하는 상황이 생기기도 합니다. 이런 문제를 줄이기 위해서 한형식 선생님이『모두가 참여하는 수업에는 법칙이 있다』에서 추천해 주신 여러 가지 목표 제시 활동 원칙을 기본으로 삼고 아래와 같이 정리해 보았습니다.

1. 구체적인 목표를 제시하라

『완벽한 공부법』의 저자 고영성 작가는 "목표는 구체적이고 specific, 측정 가능하며 measurable, 성취할 수 있고 attainable, 현실적이며 realistic, 시간 계획 timeline 이 가능한 목표여야 한다."고 주장합니다. 교실에서도 학생들이 목표를 받았을 때 자기 머릿속에서 미리 상상해서 생각해 볼 정도로 구체적으로 제시할 필요가 있습니다. 이를 위해 해볼 수 있는 구체적인 전략으로는 구체적인 상황을 미리 보여주기, 기존에 가지고 있던 경험장면 상기시키기, 실제로 미리 시연해 보도록 하기 등이 있습니다.

2. 구체적 방법을 제시하라

지시를 내릴 때 학생들이 어떻게 해야 하는지 구체적인 방법을 알려줘야 합니다. 예를 들어, 수학 문제를 푼다면 공책에 풀 것인지, 책에 풀 것인지 정확히 알려주어야 활동의 혼선을 피할 수 있습니다. 또한 누가 어떤 과업을 언제 할 것인지 명확하게 전달할 필요가 있는 것입니다. 완성도가 높은 수업일수록 학생들은 자신이 무슨 행동을 하고 있는지 매 순간 분명하게 인식하고 어떤 방법으로 해야 할 지를 구체적으로 인지하고 있습니다.

3. 간결하게 지시하라 일시일사 원칙, 15초 원칙

한형식 선생님이 『수업 기술의 정석 모색』에서 추천하는 원칙 중에 '일시일사 一時一事 원칙'이 있습니다. 한 번에 한 가지 활동씩 설명하는 원칙입니다. 지시는 구체적이고 간명해야 전달이 잘 되기 때문에, 한 번 지시할 때 되도록 한 가지만 제시할 필요가 있는 것입니다. 특히, 지시 문장이 15초 이상을 넘어갈 경우 학생들이 집중하고 기억하기 힘들어 하므로 15초를 넘지 않는 길이로 지시해야 합니다. 교사가 이렇게 간결한 지시를 내릴 때, 수업시간 중에 나오는 지시로 인한 의사소통 오류를 최대한 줄일 수 있습니다.

4. 쉬운 말과 문장구조로 지시하라

지시를 내릴 때 어려운 단어나 문장구조는 피하고, 쉽고 간결하게 써야 합니다. 예를 들어, "이 책의 주인공의 성격은 어떤 식으로 특징지어지는 지 알아보세요."보다는 "이 책 주인공의 성격적 특징은 무엇입니까?"라는 문장으로 제시하는 것이 직접적이고 이해하기 편합니다.

5. 구체적인 양을 지시하라

얼마나 활동을 해야 하는지 구체적으로 양을 제시해 주어야 합니다. 예를 들어, 체육 시간에 줄넘기 연습을 지시할 경우 "각자 다섯 번 줄넘기 안 걸리고 넘기에 도전합니다."처럼 구체적으로 해야 할 양을 제시해 주는 것이 좋습니다.

6. 사후 행동까지 설명하기

마지막에 활동을 다 한 뒤에 취해야 할 행동까지 설명합니다. 예를 들어, 체육 시간에 줄넘기 연습을 지시할 경우 "각자 도전하고 선생님 있는 곳으로 모입니다."라는 식으로 활동이 끝나면 해야 할 행동에 대해서도 구체적으로 설명해 학생들의 무의미한 공백 시간을 줄여주도록 해야 합니다.

7. 설명 후 움직이게 하기

학생들은 움직이면서 동시에 듣기 힘들어합니다. 이미 움직이고 있는 학생들에게 소리쳐 봤자 허공에 맴도는 메아리가 되는 경우가 부지기수입니다. 정확하고 간결한 활동 설명 후 학생들이 움직일 수 있도록 해야 합니다.

이제까지 다룬 7가지 목표, 활동 제시 원칙에 따라 앞서 57쪽에 예시로 나왔던 교사의 발문을 다음과 같이 바꿔볼 수 있습니다.

교사   "56쪽의 3번과 4번 문제를 생각 쓰기 공책에 실제 크기로 그린 뒤에 선생님께 가져오겠습니다. 확인받은 친구들은 다른 친구들을 도와주거나 수학익힘책을 풀도록 하겠습니다."

– 15초 경과 –

인간이란 원래 대국적인 견지를 지녀야 하는 일에는 극히 무능하다. 그러나 특정의 어느 한 대상을 올바르게 파악하고 그 속에 자신을 바쳐 일하는 데에는 유능하다.

페스탈로치, 『숨은 이의 저녁노을』 중

지속성

학생들이 임계치를 넘을 수 있도록 지속적인 노력을 하도록 지도하는가?

수업하다 보면 한 번의 수업으로 되지 않고 지속해서 임계치를 넘도록 지도해야 하는 경우가 있습니다. 특히 기능을 획득해야 하는 경우에는 더욱 더 일관되게 시간을 투입해야 하는 경우가 많습니다. 그리고 제대로 된 연습을 오랜 시간 반복적으로 시간을 누적하다 보면, 갑자기 어느 날 비약적으로 향상되는 경우가 생기기도 합니다. 저희 반의 경우에는 타악기 리듬 수업을 하고 그 수업 결과물을 발표회 공연에 올려야 하는 상황이 있었습니다. 그런데 첫 타악기 리듬 수업을 했을 때 놀라지 않을 수 없었습니다. 왜냐하면, 우리 반 학생들의 3분의 1이 심각한 박치였던 것입니다. 이런 상황에서 공연에 올릴 수 있을지도 미지수여서, 공연이 다가오면서 주변 선생님들이 걱정하셨습니다. 그래서 특단의 조치로 학생들과 같이 매일 아침 시간에 한 번씩만 연습하기로 목표를 정했습니다. 연습 과정에서 촬영도 해보면서 나아지고 있다고 격려한 결과, 갑자기 발표회 공연 1주일 전부터 완성도가 높아졌고 박치였던 아이들이 성공적인 공연을 즐길 수 있었습니다. "노력은 단계적으로 쌓아 올리지 않으면 안 되지만 발달은 가속적으로 이루어지며, 노력한 만큼 발달하지 않고 지속해서 노력할 때 나중에 기하급수적으로 발달한다[27]."는 말을 실제로 체험할 수 있었던 경험이었습니다.

그런데 지속성이 주는 힘은 비단 기능에만 국한되어 있는 것은 아닙니다. 고영성 작가는『부모 공부』에서 '성장형 사고방식'을 소개하면서 지속성의 힘을 강조하고 있습니다. 다시 말해, 두뇌 또한 근육처럼 끊임없는 연습을 통해 힘을 키울 수 있는 '가소성'을 가지고 있다는 것입니다. 한 가지 목표를 정하고 포기하지 않고 노력한다면 어느 순간 임계치를 넘고 새로운 차원이 펼쳐지는 시기가 있습니다. 그러므로 교사들은 학생들이 지속적인 노력을 기울일 수 있도록 이끌어갈 필요가 있습니다.

동양의 공부는 학습을 의미합니다.
학 = 배울 학學 + 익힐 습習
내 머리로 배운 것을 몸으로 익혔을 때 공부했다라고 말할 수 있는 것입니다. 공부는 몸으로 하는 것입니다.

윤소정,『인문학 습관』중

더 많이 생각하면 할수록 더 많은 사고의 방법을 배우고, 더 많이 연습하면 할수록 더 빨리 일이 진행된다. 그래서 무한히 많은 것을 얻게 된다. 아이들은 말과 행동에 앞서 생각부터 하게 된다. 생각하는 일에 익숙한 아이는 매 순간 더 많이 배운다.

칼 비테,『칼 비테 교육법』중

학생은 아주 천천히 배운다. 여러 번 가르쳐 주고 그것을 뇌에서 처리하기까지 기다려 주어야 한다. 스스로 체득하기를 기다려야 한다. 혹

적절성

학생의 수준을 고려한 교육내용을 선정하였는가?

교사 　'F' 발음은 앞니로 아래 입술을 눌러 주면서 바람을 뱉어주면
　　　됩니다.

학생 　선생님!!

교사 　왜 그러니?

학생 　앞니가 없는데 어떻게 하죠?

위 수업 대화는 실제로 제가 1, 2학년생들을 대상으로 영어캠프에
서 알파벳을 가르치다가 맞닥뜨렸던 웃지 못 할 수업상황에서 가져온
일화입니다. 앞니가 없는 아이에게 'F' 발음은 물리적으로 불가능한 수
업 목표입니다. 우리는 실제로 눈으로 없다는 것을 확인할 수 있는 앞
니를 통해 이 학생이 수업 목표 성취가 불가능하다는 것을 이해합니
다. 하지만 만약에 수업 목표 성취를 막는 장애물이 눈으로 보이지 않
는 아이의 인지적, 정서적 결핍인 경우는 어떻게 해야 할까요? 눈에 보
이지도 않는 학생들의 인지적, 정서적 결핍을 고려하면서 교육과정을

짜기란 현실적으로 매우 어렵습니다.

　학생의 인지적, 정서적 발달에 맞지 않는 수업의 예로는 어떤 것들이 있을까요? 초등학교 저학년 학생들을 대상으로 경쟁 활동을 시키는 경우를 들 수 있습니다. 저학년 학생들은 아직 인지적, 정서적 수준이 경쟁 활동을 하기에 적합하지 않습니다. 그 결과, 감정싸움만 커지고 싸움만 말리다가 힘들게 수업이 끝나는 경우가 많습니다. 학생들의 발달 특성을 잘못된 파악한 대표적인 수업이라고 볼 수 있겠지요. 마음 속의 앞니가 자라지 않은 학생들에게 왜 'F' 발음을 못 하느냐고 다그치는 일이 없도록, 학생 발달 수준에 맞게 교육과정을 선택할 필요가 있습니다. 그러므로 교사는 학습단원의 특성, 학생들의 수준, 수업 맥락, 상황 등에 맞는 수업을 고안[39]하여 학생들에게 적절한 수업을 제공할 수 있어야 합니다.

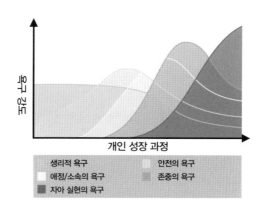

개인 성장 과정에 따른 욕구의 중요도 변화, 출처: wikipedia

　　　　　　　　　　　　　　　2부　학생과 교사 사이

앞에서 매슬로우의 욕구 단계^{아래에서부터 안전의 욕구, 애정/소속의 욕구, 존중} ^{의 욕구, 자아실현의 욕구}에 대해서 다뤘었는데요. 매슬로우의 욕구는 단계에 따른 위계성도 있지만 앞쪽 그림에서와같이 나이에 따라 필요한 정도가 변화하기도 합니다. 그러므로 학교 교육에서는 학년에 따라 변하는 욕구를 충족시켜줄 필요가 있습니다. 예를 들자면, 저학년 시기에는 생리적 욕구나 안전의 욕구가 아직도 중요한 나이이고, 애정/존중의 욕구의 필요 강도도 증가해 가는 단계입니다. 그리고 고학년 시기 특히 6학년 학생들은 새롭게 존중의 욕구가 대두되는 시기입니다. 시기입니다. 교사들은 이러한 학생들의 정서적 발달단계를 고려해서 수업을 계획할 필요가 있습니다. 개인차가 있겠지만 보편적인 초등학교 학생들의 학년별 특징과 욕구들을 우측^(→)의 표와 같이 정리해 보았습니다.

초등학생들의 학년별 특징과 매슬로우의 욕구 단계

학년	학년별 큰 특성	매슬로우의 욕구 단계
1학년	자기중심적이다. 경쟁 활동이 맞지 않는다.	1순위 : 안전의 욕구 2순위 : 애정/존중의 욕구
2학년	또래집단이 생긴다. 칭찬에 예민하다. 경쟁 활동이 맞지 않는다.	
3학년	공동체 질서의식이 생긴다. 관찰력이 생기고, 친구들을 의식하게 된다. 경쟁 활동이 들어와도 된다.	
4학년	비판적 사고가 생긴다. 다른 사람을 이해하게 된다. 규칙을 가진 경쟁 활동이 원활히 진행된다.	1순위 : 애정/소속의 욕구
5학년	감정 조절이 어렵다. 집단의 경쟁 활동에서 우월성을 증명하고 싶어 한다. 배타적인 소집단이 형성되기 쉽다.	
6학년	차별과 편애에 민감하다. 다른 친구들을 지나치게 의식한다. 어른 대접을 받고 싶어 한다.	1순위 : 애정/소속의 욕구 2순위 : 존중의 욕구

아이에게는 자연이 허락한 발육의 순서가 있다. 그 순서를 따르는 일, 바로 그것이 아이를 아이로 다루는 일이며 자연을 따르는 일이기도 하다.

루소, 『에밀』중

활동 ————————————————————————

1. 일관성

활동이 수업 목표와 일관성이 있을까?

부끄럽지만 한동안 놀이 수업에 관심이 많았다는 이유만으로, 수업마다 마지막 활동은 무조건 놀이를 했던 때가 있었습니다. 놀이를 수업에 적용한 의도는 좋았지만, 억지로 놀이를 집어넣었었기 때문에 수업이 산으로 간다는 느낌을 지울 수 없었습니다. 가령, 사회 수업 시간에는 마지막 활동으로 다트를 던지고, 맞춘 사람은 퀴즈를 풀도록 했습니다. 학생들은 재미있어 했지만 다트라는 활동이 사회 수업의 목표와 맞지 않아서 재미만 있을 뿐 제대로 된 배움은 좀처럼 일어나기 힘들었습니다. 그러던 중 옆반 선생님이 보여주신 목표에 맞는 의미있는 활동을 접목한 수업을 보면서 수업에 반드시 '놀이'가 들어가지 않더라도 배움이 일어날 수 있고 거기서도 재미를 찾을 수 있다는 것을 알게 되었습니다. 그제서야 학생들의 수업 목표를 향한 최적의 활동은 재미만 추구해서는 안 되고, 수업 목표와 일관된 활동을 소개해야 한다는 것을 깨달았던 것입니다. 이후로는 놀이 활동을 무조건 수업에 접목하기보다는 목표에 맞는 활동을 찾는 데 관심을 더 기울였습니다.

그렇다면 어떻게 목표와 일관된 의미있는 활동을 찾을 수 있을까요? '코어 메카닉'이라는 게임 설계 용어를 수업 설계 과정에 빌려오고자 합니다. 놀공발전소는 저서 『노력 금지』에서 '코어 메카닉이란 게임 안에서 목표 달성을 위해 가장 집중해야 할 행동을 어떤 것으로 정할지 설정하는 것이며, 게임 설계의 시작이자 끝이다.'라고 정의합니다. 게임 참가자는 코어 메카닉을 매 순간 반복적으로 하게 되며, 게임 설계자가 전달하고자 하는 메시지가 담겨 있습니다. 수업도 이와 마찬가지라고 생각합니다. 수업 설계를 할 때 어떤 목표를 할 것인지에 대한 명확한 이해가 필요하고, 이를 학생들의 삶에 녹여낼 수 있는 활동을 찾고 반복할 수 있도록 함으로써 활동을 목표와 일관되게 이끌어갈 수 있는 것입니다. 예를 들어, '합동인 삼각형을 그릴 수 있다.'가 목표가 되었으면, 실제 다양한 상황과 조건에서 삼각형을 그려볼 수 있게 시간을 주어야 합니다. 하지만 일반적인 수업에서는 학생들이 그리는 방법만 계속 고민하다가 삼각형 한 개만 그리고 끝내기 쉽습니다. 이런 수업에서는 '코어 메카닉'인 '삼각형 그리기 활동'이 너무 적게 일어나서 배움이 일어나기에는 물리적 시간이 너무 부족합니다. 코어 메카닉 활동을 반복적으로 연습하는 일관된 수업에서 학생들은 좀 더 깊게 배울 수 있습니다. 그러므로 '합동인 삼각형 그리기 활동'이 목표인 수업에서는 학생들이 다양한 상황과 조건에서 많은 삼각형을 그려보는 시간을 충분히 갖도록 배려할 필요가 있습니다.

아무리 수업이 즐거워도 공부를 노는 것과는 엄격하게 분리했다. 조기에 모든 것을 놀이로 배운 아이는 계속 그렇게만 배우고 싶어한다. 그래서 더 이상 그럴 수가 없게 되면 배우고 싶다는 욕구를 잃어버린다. 더 이상 놀이는 없고 온통 규율뿐이다. 모든 것이 장소와 시간과 상황에 따라 정해지고, 철저한 필연성에 따라 이런저런 일을 도모하게 되며, 늘 일에 대해서만 이야기하는 시민적 삶으로 들어서면 예전의 놀이가 그리워지고 삶이 지루해지며 짜증이 나고 기분이 우울해진다. 그 결과 아무리 많은 기대를 받아도 아주 조금밖에 성취하지 못한다.

칼 비테, 『칼 비테 교육법』 중

2. 흐름

학생들이 머리-가슴-다리의 수업 단계를 충분히 밟도록 활동을 구성하는가?

우리가 일생 동안 하는 여행 중에서 가장 먼 여행은 머리에서 가슴까지의 여행입니다. 이 공부는 우리를 가두고 있는 완고한 인식들을 망치로 깨뜨리는 것에서 시작합니다. 공부는 머리에서 가슴으로 가는 애정과 공감입니다. 또 하나의 먼 여행은 '가슴에서 발'까지의 여행입니다. 삶이 공부이고 공부가 삶이라고 하는 까닭은 그것이 실천이고 변화이기 때문입니다. 공부는 세계를 변화시키고 자기를 변화시키는 것입니다. 공부는 머리가 아니라 가슴으로 하는 것이며 가슴에서 끝나는 것이 아니라 가슴에서 발까지의 여행입니다.

신영복, 『담론』 중

위의 인용중에서 신영복 교수님은 '공부는 머리에서 가슴, 발로 가는 여행'이라고 소개하고 있습니다. 이 말은 공부는 머리로 인식을 깨고 가슴으로 공감한 뒤 삶에서 실천하는 과정이라는 뜻입니다. 저는 이 말이 교육에도 적용되고 수업의 흐름에도 적용될 것이라 생각합니다. 다시 말해, 수업의 흐름 또한, 학생들의 눈을 마주치며 동기유발을 한 뒤에, 머리로 지식을 이해하고 가슴으로 공감할 수 있는 활동을 하고, 배운 바를 실제 발로 뛰며 적용하면서 표현하고 실천해 보는 흐름으로 가야 하는 것입니다. 또한, 궁극적으로는 위에서 이야기했던 교육의 목표인 '진, 선, 미'의 행복과도 연관이 되어 있습니다. 이를 정리해 보면 다음의 표와 같이 나타낼 수 있습니다.

수업 단계 흐름과의 연관성

수업 단계	사고	수업 활동 흐름	행복
머리	지식	동기유발 지식 이해(이론)	진
가슴	사색	감상(공감) 깨우침, 탐구,	선
발	적용	표현 및 실천	미

머리 좋은 것이 마음 좋은 것만 못하고, 마음 좋은 것이 손 좋은 것만 못하고, 손 좋은 것이 발 좋은 것만 못한 법입니다. 관찰보다는 애정이, 애정보다는 실천적 연대가, 실천적 연대보다는 입장의 동일함이 보다 중요합니다. 입장의 동일함. 그것은 관계의 최고 형태입니다.

신영복, 『감옥으로부터의 사색』 중

책을 읽으면서도 성현의 참모습을 보지 못하면 그저 글자나 베껴쓰는 하인밖에 되지 못하고, 관직에 있으면서도 백성을 사랑하지 않으면 관리의 허울을 쓴 도적일 뿐이다. 학문을 연마하면서도 실천을 중시하지 않으면, 공허한 빈 말이 될 뿐이고, 업적을 세우고도 은덕 베풀 것을 생각하지 않으면 눈앞에서 잠깐 피었다 시들어 버리는 꽃이 될 뿐이다.

홍자성, 『채근담』 중

공유하고 실천할 수 있는 활동을 제시하는가?

수업의 흐름 중에서 '공유와 실천'에 대해 더 이야기하고자 합니다. 학교 공부가 재미없는 이유에는 여러 가지가 있겠습니다만 그중 한 가지 이유가 '공유와 실천이 없어서'라고 생각합니다. 너무 짧은 시간 안에 많은 내용을 배워야 하는 나머지, 이론 위주로 돌아가고 '공유와 실천'은 하지 않은 채로 계속 새로운 것만 배우다보니 의미가 없고 재미가 없어지는 것입니다.

놀공연구소는 『노력 금지』에서 '교육 모델을 만든 4단계'를 다음과 같은 순서로 제시하며 '공유와 실천'의 중요성을 강조합니다.

교육 모델의 4단계
① 알아야 하는 필요성
② 공유해야 하는 필요성
③ 공유할 수 있는 상황
④ 실제적 맥락과의 연결

공부를 하는 과정은 부단한 연습을 통해 자연스럽게 지식과 기능을 '획득'하는 과정입니다. 그리고 이를 배움으로 전환하기 위해서는 '공유'하고 '실천^{표현}'하는 과정이 반드시 들어가야 합니다[24]. 현실적인 실천 가능성이 없는 이론은 공허한 모래성에 불과하고, 실천에서 나온 것을 다시 이론화하고 이것을 다시 실천하고 확인하는 과정이 진정한 배움입니다.

지식은 실천에서 나와 인식-재실천-재인식의 과정을 거쳐 다시 실천으로 돌아가야 참다운 것으로 믿습니다. 이와 같은 과정이 반복되어 실천의 발전과 더불어 인식도 감정적 인식에서 이성적 인식으로 발전해갑니다. 실천이 없다는 사실은 인식의 좌절, 사고의 정지를 의미하며, 흐르지 않는 물이 썩고 발전하지 못하는 생각이 녹슬 수밖에 없는 이치입니다.

신영복, 『감옥으로부터의 사색』 중

4. 자율성

학생의 자율성이 포함되도록 수업의 주도권을 조절하는가?

교사　네. 이제 수업 시작하겠습니다. 수학 56쪽을 펴세요.

학생1　선생님 또 수학이예요?

학생2　선생님 체육하면 안돼요?

학생3　아니, 체육은 어제 했잖아. 오늘은 단소 불면 안돼요?

교사　??!!

위와 같은 상황은 교사에게 많은 딜레마를 가져다줍니다. 학생들이 무언가를 배우고 싶고, 하고 싶은 의욕을 가지고 있는 것은 반가운 일이긴 하지만, 하고 싶은 과목의 활동만 하며 교육과정을 이수하기란 거의 불가능하기 때문입니다. 교육과정에는 학생들이 배우기 싫더라도 반드시 배워두어야 하는 내용이 있고, 배우고 싶은 것이 있더라도 원하는 만큼 충분히 시간이 제공되지 않는 경우도 있습니다.

교사가 가르치고자 하는 것이 학생들이 배우고 싶은 내용과 반드시 일치하는 경우가 많지 않기 때문에 학생들의 내적 동기를 끌어오고 자율적으로 수업에 참여하기란 어려운 일입니다. 수업에 참여하는데 필요한 자율성이란 무엇일까요? 자율성이란, 스스로 의사결정이 가능하도록 주도성을 갖고, 책임감을 느끼며, 스스로 통제할 수 있는 마음의 특성입니다[31]. 학생들이 스스로 수업에 주도적으로 참여하도록 도와주는 방법들을 다음과 같이 제안해 봅니다.

자신이 상황을 통제할 수 없고 나에게는 어떠한 선택권도 없다는 믿음, 즉 자율성을 상실하게 될 때 무기력은 학습되었다. 다른 모든 욕구가 충족된다 해도 의사결정에 대한 기회가 없다면 만족하지 않는다. 즉 자율성 자체가 내재적 동기의 핵심인 동시에 자율성을 빼앗기면 다른 동기마저 사라진다는 것이다. 나에게 선택권이 있고, 자신을 스스로 통제한다고 믿으며, 자율감을 느끼는 것은 동기부여에 매우 중요하다.

고영성 신영준,『완벽한 공부법』중

○ 학생들이 선택할 수 있게 하라

울어서 흥분한 아이를 달래는 것은 정말 어려운 일입니다. 흥분한 아이의 감정이 격해진 상황에서는 아무리 안아주더라도 부모의 그 어떤 말도 듣지 않기 때문입니다. 그런데 흥분한 아이를 달래는 한 가지 좋은 방법이 있습니다. 바로 '선택'을 할 수 있게 하는 것입니다. 예를 들어, 아이가 흥분해서 울고 있을 때 "뽀로로 불러줄까?" "악어떼 불러줄까?"라고 질문하면 "뽀뽀뽀로로"라고 대답하면서 선택하는 순간 진정되는 경우가 많습니다 물론 안 되는 경우도 있습니다.^^. 이 전략은 비단 어린 아이에게만 적용되지는 않습니다. 학교에서는 민원 사항을 안고 찾아오시는 부모님들의 흥분된 감정을 누그러뜨리기 위해 하는 일이 있습니다. 바로 의자에 앉게 한 다음에 차 종류를 선택하게 만드는 것입니다. "커피 드실래요? 녹차 드실래요?"라고 묻게 하고 선택하게 한다면 훨씬 더 부드러운 분위기에서 민원을 처리할 수 있게 됩니다. 인간은 흥분했더라도 선택하는 과정에서 활성화되는 부위가 '감정의 뇌'에서 '이성의 뇌'로 옮겨가게 되기 때문에 이런 마법 같은 일이 가능하게 됩니다. 학생들 또한 마찬가지입니다. 자기가 선택할 수 있을 때 학생들은 자신이 권리를 가진 유능한 사람이라고 느끼게 되며, 선택한 뒤에 그 선택을 몰입해서 수행하고자 하는 의욕을 타고난 본성으로 지니고 있습니다. 그리고 스스로 결정을 내리는 습관을 들인 아이들은 그렇지 않은 아이들에 비해 지능과 심성은 물론 육체적인 건강까지 더 좋습니다.

저는 이 방법을 사회 모둠별 발표를 할 때 주로 적용합니다. 학기 초에 학생들에게 한 학기 전체에서 배울 내용을 소개하고 그중 제일 배우고 싶은 단원을 선택하도록 합니다. 그리고 그 단원의 본 수업에 들어가기 전에 간단히 발표하도록 부탁합니다. 학생들은 발표를 준비하는 과정에서 단원에서 배워야 할 내용을 정리하며 예습할 수 있고, 자기가 선택한 단원이기 때문에 더 책임감을 느끼고 적극적으로 그 시간에 참여합니다. 이러한 선택이 주는 자율성 향상 효과는 다음과 같은 실험들을 통해 객관적으로 입증되었습니다.

한 실험에서 초등학교 4학년 학생들을 데리고 80문제를 푸는 실험을 하였다. 그런데 강압적으로 꼼짝 없이 80분을 다 풀라고 하는 게 아니라 80문제 중에서 어떤 과목을 풀지, 몇 문제를 풀고 싶은지 선택권을 주었다. 그리고 80문제를 다 해야 할 필요가 없고 자신이 결정한 문제의 수만큼만 풀어도 되며 교실을 자유롭게 돌아다닐 수 있는 권한도 주었다. 아이들은 문제를 풀다가도 자신이 원할 때 쉬었다. 또 놀다가 다시 와서 문제를 풀었고, 아이들이 문제를 풀 때의 집중력은 한 시간이 다 될 때까지 사라지지 않았다. 그뿐만 아니라 아이들은 자신들이 약속한 문제 수보다 많은 문제를 풀었다. 대부분 학생이 80문제를 모두 푼 것이다. 스스로 결정할 선택권과 자유를 준 아이들은 문제를 풀때 끝까지 집중력을 잃지 않았으며, 무엇보다 문제를 쉽게 느끼고 문제 풀이 자체를 즐거워했다.

고영성 신영준, 『완벽한 공부법』중

ㅇ 수업의 주도권을 학생들에게 적절히 넘겨라

김백균 선생님은 『쉬운 수업 레시피』에서 학생들이 자율성을 함양할 수 있도록 '수업의 주도권'을 넘기는 방식을 추천합니다. '수업의 주도권'이란 '수업에서 어떤 것을 결정할 수 있는 권리'를 말합니다. 즉, 수업에서는 '무엇을What' 배울지와 '어떻게How' 배울지에 대해 결정해야 하는데 그 결정을 학생이 하는지 교사가 하는지에 따라 수업의 주도권이 조절되고 수업의 유형이 바뀝니다. 수업은 배움이 일어나는 곳이고 배움의 주체는 학생이기 때문에, 교사는 수업의 목표에 따라 학생들과 수업 주도권을 두고 적절한 선에서 조절해야 할 필요성이 있습니다. 수업 상황에 따라 달라지겠지만 자율성 발휘를 위해 학생들 저마다의 의지로 수업의 결과와 과정을 결정할 수 있도록 하는 방향으로 수업 주도권을 조절할 필요가 있습니다. 이때, 교사는 교육의 본질에 집중하기 위해서 '수업은 학생이 성장해야 하는 장'이라는 사실을 잊지 않아야 합니다[35]. 수업의 주도권을 통해 무엇을, 어떻게 배울지에 대해 결정함에 따라 학습 유형이 어떻게 달라지는지 『쉬운 수업 레시피』에서 참조하여 아래와 같이 정리해 보았습니다.

수업의 주도권에 따른 학습 유형 분류표

무엇을What 어떻게How	수업 과정 제시	
수업 결과 제시	**교사 강의 학습** 예) 한양이 수도로 알맞은 특징을 교사가 불러주고 받아 적기	**결과 제시 학습** 예) 서울이 수도 한양으로서 알맞은 이유 찾아보기
	방법 안내 학습 예) 수도의 조건 5개에 알맞은 장소 우리나라에서 물색해 보기	**학생 발견 학습** 예) 내가 한국에 수도를 세운다면 어디로 세울지 정하고 타당한 이유를 들어보기

① 교사 강의 학습

교사 강의 학습 유형은 대체로 강의식으로 진행되는 수업으로써 수업에서 무엇을 배워야 할지에 대한 결과와, 수업에서 이 결과를 어떤 식으로 이끌어 낼 수 있을지에 대한 과정을 교사가 일방적으로 제시하는 학습 유형입니다. 시간 안에 빠르게 지식을 전달할 수 있다는 장점이 있지만 학생들이 선택한 것이 아무것도 없기 때문에 수업에 몰입시키기 힘듭니다. 사회 시간의 활동으로 예를 들면, '한양이 수도로 알맞은 특징을 교사가 불러주고 받아 적기'와 같은 활동을 들 수 있습니다.

② 결과 제시 학습

결과 제시 학습 유형은 무엇을 배워야 할지에 대한 학습의 결과는 교사가 제시하고, 그 결과를 찾기 위한 수업 과정은 학생들이 정해가는 학습 유형입니다. 이미 결과가 나와 있기 때문에 결과에 맞춰서 수업을 이끌어 가거나, 추론할 때 좋은 수업입니다. 하지만 주어진 결과가 학생들에게 너무 어려운 경우에는 학생들이 포기하는 경향이 있습니다. 예를 들면, '서울이 수도 한양으로서 알맞은 이유 찾아보기'와 같은 활동을 들 수 있습니다.

③ 방법 안내 학습

방법 안내 학습 유형은 학생들이 무엇을 배울지는 선택하지만, 그 과정에서 어떻게 배워 나갈지에 대한 과정은 제시하지 않는 학습 유형입니다. 활동 방법을 알려줌으로써 학생들이 보다 손쉽게 학습 목표에 도달할 수 있지만, 교사가 예상한 결과와 다른 결과가 나왔을 경우 수업에 혼란이 있을 수 있습니다. 예를 들면, '수도의 조건 5개에 알맞은 장소 우리나라에서 물색해 보기'와 같은 활동을 들 수 있습니다.

④ 학생 발견 학습

학생 발견 학습 유형은 학생들이 스스로 무엇을 배울 지 정하고, 수업 과정에서도 어떤 방식으로 배울지에 대해서 학생들이 생각해 나가는 학습 유형입니다. 이 학습 유형은 학생들의 자율성을 최대한 끌어내며, 수업 내용을 결정하는 데 학생들이 최대한 직접 참여할 수 있게 끔 합니다. 이 과정에서 학생들은 수업에 주인 의식을 갖게 되고, 스스로 배우는 과정을 거치면서 선생님과 같이 수업을 만들어 나갑니다. 하지만 이 방법의 단점은 학습 목표에 도달하는 데 시간이 너무 오래 걸리고, 스스로 방법을 찾아내고 문제를 해결하는 데 개인 편차가 심하다는 것입니다. 학생들이 수업의 주도권을 최대한 가지고 창의적으로 자신의 방법과 결과를 찾아내기에 좋은 수업 유형입니다. 학습 활동으로 예를 들면, '내가 한국에 수도를 세운다면 어디로 세울지 정하고 타당한 이유를 들어보기'와 같은 수업 방법이 있을 수 있겠습니다.

TIP 하브루타 질문법

수업 활동 차원의 주도권을 넘어서, 수업 목표 차원의 주도권까지도 학생에게 주는 수업 전략이 있습니다. 대표적인 예가 '하브루타 질문법'입니다. 유대인의 '하브루타 질문법'은 학생들이 수업시간에 배우고 싶은 학습 주제에 대하여 자유롭게 질문을 만들고, 그 질문에 대한 생각을 정리하여 짝이나 모둠에서 나누는 활동을 말합니다[42]. 교사가 질문을 제시하면서 결과와 과정을 제시했던 기존에 수업법과는 달리, 하브루타 교수법에서는 학생들이 스스로 질문을 만들어 낸다는 것이 큰 차이점입니다. 비록 교사가 이끄는 방향으로 질문이 나오지 않는 경우도 있지만, 학생들은 자신들이 만든 질문이기 때문에 더 집중하고 몰입합니다. 하브루타 질문법의 순서는 다음과 같습니다.

하브루타 교육 방법을 적용하는
유대인 멘토-멘티, 출처: wikipedia

　　　　　　　　　　　　　　　　2부　학생과 교사 사이

브레인라이팅 (Brain writing)하기	브레인라이팅은 브레인스토밍의 과정을 글로 옮기는 활동을 말합니다. 브레인라이팅을 통해 오늘 배우게 될 학습주제에 관해서 자유롭게 질문을 브레인스토밍합니다. 브레인스토밍과 마찬가지로 생각을 발산하는 과정에서 절대 비판하지 않고 어떤 질문이든 학습주제와 관련된 질문이라면 다 받아주도록 합니다
대표 질문 선정하기	브레인라이팅 과정을 거쳐 생성된 많은 질문 중에서 학생들이 가장 궁금해하는 질문 한 가지를 선택합니다
대표 질문에 대해 개인 생각 정리하기	선택된 질문에 대해 자기 생각을 적어 봅니다
짝과 함께 토의하기	짝을 지어 돌아가며 자기 의견을 이야기하고 질문합니다
모둠에서 토의하기	모둠에서 자기 의견을 이야기합니다
전체 발표하기	그동안 나눴던 내용을 바탕으로 전체 논의를 하거나 토의를 합니다
교사가 피드백과 질문하기	교사가 필요한 부분을 피드백하거나 서로 질문하는 시간을 가집니다

『철학이 살아있는 수업기술』, 『영재들의 좋은 습관 하브루타』 참조

5. 자유

학생들이 자유롭게 활동에 참여할 수 있게 하는가?

교사   ~ 이렇게 풀면 됩니다. 알겠죠?
학생   네. 선생님. 그런데 20분이나 남았는데 뭐해요?
교사   ······ 조용히 책보고 있으세요.

저는 주로 초임 때 학창시절 배웠던 대로 강의식으로만 수업했었습니다. 학생들이 풀어야 할 문제를 제가 다 풀고 나서 자랑스럽게 "알겠지?"라곤 묻고, 그 물음에 "네"라고 자신 있게 말하는 학생들을 보며 흐뭇해하곤 했습니다. 그리고 다 풀고 시간이 남으면 조용히 책을 보라고 이야기하면서 학생들을 조용히 시키기만 하면 좋은 교사가 되는 줄 알았습니다. 그런데 정작 이런 방식의 수업에서는 학생들이 제대로 배우지 못한다는 것을 이내 결과로 깨닫게 되었습니다. 듣기만 해서는 그 교육 효과가 미비했기 때문입니다. 학생들은 원래 잡담하고 움직이기를 좋아하고, 변화와 다양성을 즐기며 배웁니다. 그런데 저는 이런 아이들의 특성은 무시한 채, 수업에서 자유롭게 사고하면서 스스로 고민할 시간도 친구들과 상호작용할 기회도 주지 않은 채, 수업을 다 했다는 자기만족만을 위해 수업을 하고 있었던 것입니다.

자유로운 활동을 강조한 교육 사례에는 여러 가지가 있습니다. 유대인들은 앞에서 다뤘던 하브루타 질문법을 이용해서 도서관이나 교실에서 거의 소리치듯이 설명하고 논쟁하는 방식을 통해 수업합니다. 또

핀란드에서도 수업 중에 학생들의 자유를 최대한 존중해 줍니다. 자기 속도대로 자기가 공부하고 싶은 장소에 가서 공부하는 아이들도 있고, 자유롭게 물을 마시거나 뜨개질을 하거나 다른 친구들을 가르치러 돌아다니는 아이들도 있습니다. 그리고 교사는 다른 친구들의 방해가 되지 않는 한 그런 학생들에게 특별한 주의를 주지 않습니다. 놀랍게도 우리의 서당 교육에서도 자유로운 활동을 강조했습니다. 서당 교육은 온종일 방구석에서 글만 읽는 고리타분한 교육이라는 선입견을 가진 사람들이 많겠지만 실은 우리가 받아온 교육방식보다 훨씬 자연스럽고 자유로운 교육방식이었습니다. 일례로 서당 학생들은 스스로 하루에 한 개의 한시를 적어 선생님께 평가받아야 했었는데, 방에만 틀어박혀서 강압적으로 짓는 것이 아니라 자유롭게 숲을 거닐고 호흡하고 자연과 공감하면서 지었다고 합니다[20].

이러한 사례들을 보았을 때 떠든다고 해서 잘못된 교육이 일어나는 것도, 학생들의 자유를 억압한다고 뛰어난 교육이 되는 것도 아니라는 것을 알게 되었습니다. 오히려 수업에서 변화를 주면서 자유롭게 행동하고 상호작용 할 수 있도록 한다면 학생들은 스스로 배우고자 하려는 열망을 키우게 되는 것입니다. 우리의 뇌에서는 무조건 조용히 앉혀 놓고 집중시킨다고 해서 학습이 일어나지 않습니다. 주어진 시간 안에 뇌가 받아들일 수 있는 정보량에는 한계가 있는 데다가, 한 가지 방식으로만 뇌가 정보를 받아들인다면 이내 지루해하고 지치게 됩니다.

이러한 자유의 효과는 실제로 구글의 사례를 통해 증명되었습니다. 구글Google은 근무시간의 20%를 자유로운 시간으로 사용하도록 하는

데, 이런 자유시간은 구글의 Gmail이라는 혁신적인 사례를 낳았습니다[36]. 이렇게 자유로움을 보장하는 것이 비효율적인 것 같지만 오히려 더 즐겁고 효율적인 방식이 될 수 있습니다.

그렇다면 학생들이 자유롭게 할 수 있는 활동에는 어떤 것이 있을까요? 저희 반 학생들을 대상으로 재미있는 수업에 대해서 자유롭게 이야기해 본 결과를 다시 가져왔습니다.

내가 생각하는 재미있는 수업이란?

내가 즐거운 수업
쓰는 것이 별로 없는 수업
몸을 많이 쓰는 수업
친구들과 함께하는 수업
할 수 있는 만큼 공부하는 수업
자유롭게 소통할 수 있고 자유롭게 활동할 수 있는 수업

설문 결과를 기반으로 학생들이 자유롭게 할 수 있는 활동을 다음과 같이 정리해 볼 수 있습니다. 혼자 생각하기, 혼자 또는 같이 몸을 쓰며 연습하기, 친구들과 함께 이야기하기, 자유롭게 소통하고 토론하기 등입니다. 이런 활동들을 통해 자유롭게 참여할 수 있도록 배려할 때, 학생들은 재미를 느끼고 스스로 하고자 하는 열망을 느낍니다. 이런 교육이야 말로 가장 이상적인 교육을 놀이로 받아들이는 교육,

학습과 노동이 하나로 통일된 생활의 어떤 멋진 덩어리^{일감}로 안내해 주고 자유롭게 활동할 수 있는 교육인 것입니다[1].

자신을 자유롭게 표현한 다양한 그림들

나는 그들에게 허락되는 범위 안에서는 모든 일을 그들 마음대로 하게 했습니다. 그러자 매일매일 자유롭고 맑은 공기를 호흡한 탓인지, 그들은 그 후 평화롭고 아늑한 환경에서 자유롭게 교육받은 어린이처럼 해맑은 눈동자로 빛나게 되었습니다.

페스탈로치,『숨은 이의 저녁노을』중

어린 시절의 약함은 너무도 많은 방법으로 아이를 예속하는 데, 바로 그 예속상태에 더해 아이가 거의 남용할 수 없는 아주 얼마 안 되는 자유를 빼앗음으로써 우리의 변덕에 의해 생긴 속박을 더 하는 것이 잔인한 일임을 모르는 사람이 누가 있을까? 인생의 한순간만이라도 자연이 주지 않은 속박을 면하게 해주는 것을 용서하자. 아이가 적어도 한동안만이라도 자연의 자유를 향하도록 내버려두자.

루소,『에밀』중

사실 놀이나 공부나 고생스럽기는 마찬가지다. 그러나 아이들이 싫어하는 것은 그 고생스러움이 아니다. 아이들은 분주하게 움직이는 것을 좋아하고 변화와 다양성을 즐거워하기 때문이다. 공부에서도 자유롭게 행동할 수 있는 데에 만족을 느끼면 그들은 공부에도 마찬가지로 재미를 붙일 것이고, 그렇게 되면 공부도 여타 운동이나 놀이와 다를 게 없어진다. 이런 방식으로 조심스레 나아가면 당신이 아이에게 가르치고 싶었던 것을 아이가 스스로 배우고자 할 것이다.

놀공발전소,『노력 금지』중

6. 시간

학생들이 활동할 수 있는 시간을 적어도 3분은 주고, 학생마다 배움의 정도에 따라 활동 시간을 조절하는가?

차갑부 선생님은 『명강의를 위한 40가지 이야기』에서 학생들을 대상으로 선호하는 교수자상을 조사했습니다. 그 첫 번째로는 철저한 강의 준비와 내용을 충분히 숙지하는 교수자를 꼽았고, 두 번째로 강의 시간 준수가 철저한 교수자상을 선호했습니다. 3순위의 배려나 존중을 하는 교수자[3순위]보다도 수업 시간을 철저히 지키는 것을 좋은 교수자의 요건으로 여긴다는 것입니다. 이는 수업 시간을 철저히 지켜주는 것이 교사의 당연한 부분임에도 불구하고 많은 교사들이 제대로 수업 시간을 지켜주지 않는 것을 반증합니다. 학생들은 수업 시간을 준수하지 않는 교사들에게 불만을 느끼고 있는 것입니다.

선호하는 교수자상 순위[13]

순위	내용	비율(%)
1	철저한 강의 준비와 내용 숙지	15.3
2	강의 시간 준수 철저	13.1
3	학습자 존중, 이해, 배려, 경청	11.8

실제로 수업하다 보면 시간이 부족한 경우도 있고, 반대로 남는 경우도 많습니다. 둘 사이의 적절한 선을 찾아 정확한 시간에 수업을 마치기란 경력이 있는 교사에게도 매우 어려운 일입니다. 특히 경력이 짧은 교사들은 수업 시간에 할당된 분량의 교과서 쪽수를 가르치도록 안내하고 있는 지도서대로 나가지 않으면 큰일 나는 줄 아는 경우도 종종 봅니다. 그런데 반드시 지도서와 교과서가 정해준 대로 무조건 맞춰 가야 할까요?

제가 제안하고 싶은 방법은 '학생들의 배움의 정도에 따라 시간 기준을 달리 주는 것'입니다. 지도서에는 보편적인 아이들을 대상으로 수업을 할 때 차시별로 얼마만큼의 진도를 나가라고 안내되어있지만, 이 기준은 평균 학생을 대상으로 한 것이지 우리 반 학생들에게는 맞지 않는 경우가 많이 있습니다. 각자의 반 학생들의 수준에 따라서 두 차시에 나갈 것은 한 차시에 나가기도 하고, 한 차시에 나갈 진도를 두세차시에 나가는 융통성을 발휘하면 되는 것입니다. 제가 공개 수업 때 많이 했던 실수가 시간이 지났음에도 불구하고 준비한 활동이 안끝났다고 학생들과 참관 오신 선생님들을 억지로 기다리게 했던 적이 있었습니다. 만약 수업하다가 준비한 것을 다 못하면 다음 시간에 하겠다고 이야기하고 수업을 마치면 되는 것이지 굳이 모두 배울 수 없는 수업 상황에서 부자연스럽게 억지로 끌고갈 이유는 없습니다.

저는 예전에 공개 수업을 할 때, 지도안에서 1분, 2분 단위로 쪼개서 활동을 제시하느라 학생들이 그 활동에 참여해 몰입해 들어가기도 전에 다른 활동으로 넘어가 버리는 경우가 많았습니다. 한형식 선생님은

『모두가 참여하는 수업에는 법칙이 있다』에서 교사의 조급함을 해결하기 위해 '3분 기다리기 원칙'을 제시하고 있습니다. 이 원칙은 아무리 간단한 활동이라도 학생들에게 그 활동을 제시하고 난 뒤 적어도 3분은 기다려주어야 한다는 것입니다. 음악 한 곡이 재생될 정도로 짧은 3분이라는 시간은 배움이 일어나는 시간의 최소 단위라고 볼 수 있습니다. 어쩌면 3분이라는 시간이 지루하지 않게 의미를 최소 단위의 시간이라는 사실을 작곡가들은 본능적으로 알고 있는지도 모릅니다. 저는 이 원칙을 안 뒤 교과서의 분량과 진도에 얽매이기보다는 배움의 주체인 학생을 중심에 놓고 학습의 분량과 수준을 학습자들의 학습능력에 부합되도록 조절하면서 수업하도록 노력하고 있습니다. 이렇게 수업 중에도 학생의 반응에 따라 발휘하는 융통성이 수업 전문가로서의 교사로 한 걸음 더 나아가게 만드는 것은 아닐까요?

7. 학습 양식

다양한 학습 양식청각, 시각, 운동 감각으로 활동을 제시하는가?

도나 워커 타일스톤은 『좋은 수업의 실제 10가지』에서 학생들의 학습 선호도 비율이 청각 20%, 시각 60%, 운동 감각 20%로 나뉘고 선호도를 고려하여 학생들과 상호작용하는 시간을 가질 필요가 있다고 이야기합니다. 이 비율에 따라 40분 강의시간을 배분해 보면 40분 중에서 8분은 청각, 24분은 시각으로, 8분은 운동 감각으로 해 주어야 하는 것으로 대략 계산해 볼 수 있습니다. 실제로, 제가 학생들을 관찰

한 결과를 바탕으로 학습 양식의 특징에 따라 우리 반 친구들을 청각, 시각, 운동 감각으로 나눠보았더니 35%, 40%, 23%와 같은 비율로 나왔습니다.

우리 반 학생들을 학습 양식으로 구별한 결과

학습 양식	청각	시각	운동 감각
특징	주로 지시사항이나 강의를 잘 듣는다. 한국 강의식 교육에 특화됨	강의 듣기를 싫어하고, 낙서하거나 그리는 것을 좋아한다	직접 몸으로 하는 것을 좋아한다
남학생	염○○ 최○○ 한○○ 홍○○	진○○ 양○○	이○○ 채○○ 최○○ 한○○
여학생	김○○ 김○○ 유○○ 최○○	오○○ 김○○ 강○○ 김○○ 윤○○ 이○○ 한○○	김○○
비율	8명(36%)	9명(41%)	5명(23%)

이 결과를 보고 알게 된 것은 운동 감각 학습 양식의 학생들이 교실에서 차지하는 비율에 비해, 실제 수업에서 운동 감각을 활용한 활동을 하는 시간이 적다는 것입니다. 일반적인 수업은 청각과 시각을 이

용해 이루어지기 때문에 학생들이 운동 감각을 통해 수업에서 상호작용하는 기회는 극히 드뭅니다. 그런데 위 표에서 더 주목해 볼 점은 남학생들의 운동 감각 선호의 비율이 여학생들보다 훨씬 높다는 것입니다. 솔직히, 초등학교에서 남학생들의 성취 결과는 여학생들 보다 많이 떨어지는 경향이 있습니다. 하지만 저는 실제로 남학생들이 능력이 낮다고 생각하지 않습니다. 어쩌면 남학생들이 여학생들보다 많이 현격한 차이로 뒤쳐질 수밖에 없는 평가의 구조에 문제가 있기 때문일지도 모릅니다. 남아미술연구소 소장 최민준 선생님은 "남자아이와 여자아이의 본능적인 집중과 성향의 차이를 인정하고 다르게 교육해야 한다."고 이야기합니다. 남학생들이 이제까지 자기와 맞지 않는 학습 양식으로 수업받고, 평가도 자기와 맞지 않는 평가방식으로 평가받아 왔다는 것을 교사가 깨닫고 다름을 인정한 평가방식을 도입한다면 평가의 불리함으로 야기된 차이를 줄일 수 있다고 생각합니다.

다양한 학습 양식을 사용한 수업은 비단 남학생들에게만 좋은 수업이 되는 것은 아닙니다. 강의식 교육과 세미나 등의 교육 효과는 매우 짧은 반면, 집단토론, 역할극, 실전 훈련 등 학생이 적극적으로 참여한 교육 효과는 더 지속성이 있기 때문에 모든 학생에게 도움이 됩니다[31]. 또한, 다양한 학습 양식으로 공부함으로써 눈에 몰린 학습 피로를 줄이는 효과도 볼 수 있습니다. 결국, 다양한 학습 양식을 활용한 수업 전략은 모두에게 학생에게 이로운 방법이라고 할 수 있겠습니다.

다음으로는『좋은 수업의 실제 10가지』에서 나온 학습 양식의 특징을 바탕으로 청각적 학습자, 시각적 학습자, 운동 감각적 학습자에 대해 더 자세히 알아보겠습니다.

오늘날 우리들은 어떠한가. 말 잔치로 어린이를 이끌어, 그들의 다섯 가지 감각 중에서 청각만을 충족시키고 있다.

페스탈로치,『숨은 이의 저녁노을』중

인간의 뇌는 각각 다른 방식으로 작동한다. 어떤 사람은 다른 사람보다 훨씬 잘 듣고, 어떤 사람은 결정적일 때 설득력 있는 말을 잘한다. 우리는 어떤 사물과 대상을 바라볼 때 우리 자신이 가장 잘 활용할 수 있는 감각을 선택하는 습관을 들여야 한다.

팀 페리스,『타이탄의 도구들』중

○ 청각적 학습자 ^{20%}

청각적 학습자를 고려한 수업을 하는가?

청각적 학습자는 듣고 말하는 정보를 가장 잘 기억하는 학생입니다. 이 학생들은 대체로 듣기를 좋아해서 언어를 통해 기억하는 방법을 선호하고 말하기도 좋아하는 특성이 있습니다. 하지만 자신에게 언어화할 기회가 주어지지 않으면 오랜 기간 한 자리에 앉아 있는 것을 지루해합니다. 그리고 이런 청각적 학습자들 사이에서도 나이에 따라 집중할 수 있는 시간이 다릅니다. 도나 워커 타일스톤은 『좋은 수업의 실제 10가지』에서 나이에 따른 적정 강의시간이 학습자의 나이와 거의 비슷하다고 이야기하고 있습니다. 즉, 7세는 7분, 8세는 8분, 12세인 5학년은 12분 정도가 학생들이 집중할 수 있는 청각적 상호작용 시간인 것입니다. 이런 청각적 학습자들이 선호하는 활동들을 아래와 같이 소개하고 있습니다.

청각적 학습자 교수법

① 동료끼리 가르칠 수 있는 협동 학습활동을 하라.

② 음악을 활용하는 활동을 계획하라.

③ 집단토의, 브레인스토밍, 소크라테스식 세미나 등의 활동을 하라.

④ 강의하기, 발표하기, 암송하기와 같은 구체적인 구두 활동을 부여하라.

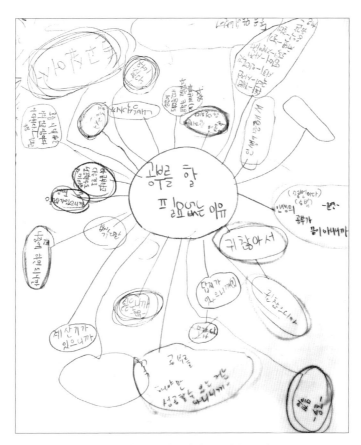

청각적 학습자들이 좋아하는 브레인스토밍

브레인스토밍은 비판적인 평가를 뒤로하고 마음껏 이야기할 수 있어야 합니다
그리고 이후에는 색깔별로 의견을 분류하는 시간을 주는 것이 좋습니다

○ 시각적 학습자 ^{60%}

시각적 학습자를 고려한 수업을 하는가?

시각적 학습자는 실제로 볼 수 있는 정신모형^{model} 을 선호하는 학생입니다. 인간은 청각이나 운동 감각보다도 시각에 의해서 상황판단을 하도록 진화해 왔습니다. 왜냐하면, 시각은 다른 감각들보다 명확하게 생존의 위협을 알려주기 때문입니다. 우리의 두뇌에서는 1시간에 36,000개의 시각적 영상을 입력할 수 있도록 진화해 왔고 이러한 이미지의 대부분은 무의식 속에 자리잡혀 있습니다.[33] "백문이 불여일견"이라는 말은 우리의 이러한 시각적 학습특성을 강조하고 있는 것입니다. 시각적 학습자인 학생들은 언어로만 지시사항을 이해하는 데 어려움을 가지고 있으며 그림으로 시각화하는 것을 좋아합니다. 얼굴은 잘 기억하지만 이름을 잘 기억하지 못하는 특성, 답을 알지만 시험 때 언어로 인출하기 힘들어하는 특성을 가지고 있습니다. 이는 장기기억에는 내용이 저장되어있지만, 정보를 찾아내도록 도와주는 연결고리인 언어 기능이 모자라기 때문입니다. 이런 경우에는 정보를 효율적으로 떠올릴 수 있도록 시각적 조직자로 기억을 보조해 주는 것이 좋습니다. 아래에는 시각적 학습자들이 선호하는 활동들을 예시들과 함께 제시하고 있습니다.

시각적 학습자 교수법
① 직접 보여주자.

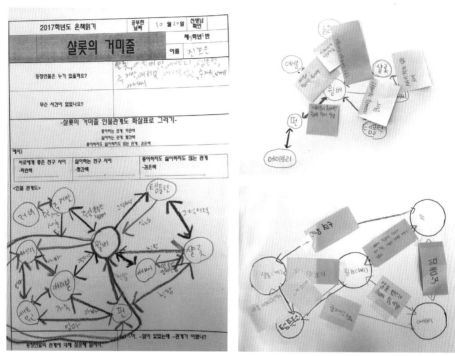

시각적 학습자들이 좋아하는 사회관계도

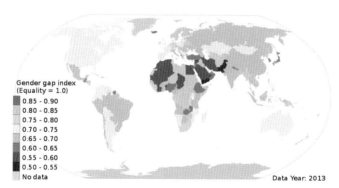

시각적 학습자들이 좋아하는 성층맵(stratification map) 성(gender) 격차를 설명

② 시각적 조직자를 사용하도록 하라.

시각적 조직자 : 마인드맵, 벤다이어그램, 순서도, 사회관계도, 그림그래프,

성층맵^{계층 지도} 등

> 자기 생각을 하나의 그림으로 표현한다는 것은 아이들의 좌뇌와 우뇌를 동시에 자극한다. 그림은 문제 상황을 단순화해서 해결의 실마리를 찾게 해주며, 상상력을 펼쳐 새로운 생각으로 연결 짓게 만들기도 하고, 학습의 핵심 내용을 이미지로 쉽게 떠올릴 수 있게 하여 장기기억으로 전환하게 만들어 주기도 한다. 또한, 그림을 보면 아이가 얼마나 잘 이해했으며, 어떻게 기억하고자 하는지 드러난다.
>
> 아이함께, 『내일 수업 어떻게 하지?』 중

○ 운동 감각적 학습자[20%]

운동 감각적 학습자를 고려한 수업을 하는가?

운동 감각적 학습자는 움직임과 접촉을 통해서 배우는 학생들을 말합니다. 이 학생들은 자신의 몸을 움직이고 싶어 하고, 모든 것에 대해 느끼고 냄새 맡고 맛보기를 원합니다. 대체로 남학생들이 많으며 운동기능이 뛰어나고 친구들과 상호작용하고 싶어 하는 특성이 있습니다. 하지만 시각과 청각에만 집중된 수업양식이 지속될 때, 집중하지 못하고 과다행동이 일어나 같은 연령집단에 비해 미성숙하게 보일 수 있

습니다. 이 학생들에게는 교실에서 이리저리 움직이고 집단을 바꾸고, 서서 발표하는 기회를 제공할 필요가 있습니다. 수업 중 단지 자리에서 일어서는 것만으로도 운동 감각적 학습자들에게는 충분한 도움이 됩니다. 아래에서는 운동 감각적 학습자들에게 효과적인 교수 방법을 제시하고 있습니다.

운동 감각적 학습자 교수법

① 직접 다룰 수 있게 한다.

② 등 두드리기와 같은 신체적 접촉을 하는 격려와 보상을 해준다.

③ 야외수업, 현장견학, 역할놀이 등의 활동적인 수업을 하라.

④ 서서 학습하거나 움직일 기회를 제공하라.

⑤ 교실에서 서서 대답하거나 토론할 수 있도록 하라.

운동할 때 생겨나는 신경세포들은 다른 신경세포들을 자극함으로써 장기상승작용이라는 현상이 잘되도록 돕는다. 장기상승작용은 학습과 기억의 토대를 형성하는 주요 세포 메커니즘 가운데 하나로 널리 여겨지고 있다. 또한, 기억과 학습을 관장하는 해마가 운동으로 보다 건강하고 더 젊은 상태로 회복된다는 사실도 밝혀졌다. 학습과 기억력은 우리 조상들이 식량을 찾게 해주었던 운동 기능과 함께 진화했다. 따라서 뇌에 관한 한, 몸을 움직이지 않으면 무언가를 배울 필요도 없다고 할 수 있다.

고영성 신영준, 『완벽한 공부법』 중

수업의 즉흥성을 유연하게 반영할 수 있는 수업 디자인을 준비하는
가?

르네상스 시대에 이탈리아에서는 코메디아 델아르테^{Commedia dell'arte}
라는 희곡 장르가 유행했었습니다. 이 코메디아 델아르테는 '기술을
가진 사람들이 연극을 하는 희극^{commedia}'이라는 뜻으로서, 전체 흐름
을 보여주는 대강의 줄거리만 있고 각본이 없다는 것이 특징입니다.
전체적인 줄거리를 제외한 대부분의 장면은 배우가 즉석에서 만들어
대화를 진행했기 때문에, '즉흥극'이라고도 알려져 있습니다. 마치 애
드립으로만으로 질투, 탐욕, 위선, 갈등 등과 같은 주제들을 풀어내는
연극이라고도 할 수 있겠습니다. 그리고 관객들은 이렇게 즉흥적으로
대화를 만들어 내는 배우들을 전문가로 인정해 주었습니다.

교사가 하는 수업도 코메디아 델아르테와 비슷한 점이 많이 있습니
다. 한 교사가 같은 수업 지도안을 보고 수업을 해도 매번 구성원과 상
황이 달라지기 때문에 같은 수업이 존재할 수 없다는 예술적 독창성이
있고, 수업 안에서 수시로 예기치 못한 상황들이 발생하고 순간순간
즉흥성을 띄어야 하는 일이 빈번히 일어나기 때문에 수업 전문가로서
의 융통성도 필요합니다. 또한, 교사는 수업 상황에서 학생들 한 명 한
명이 수업을 잘 따라오는지, 학생들의 반응은 어떤지, 학생들의 마음
상태는 수업을 받아들일 준비가 되어있는지 등에 대해 시의적절하게
즉각적으로 대처해야 합니다. 이렇게 즉흥성을 발휘하며 수업을 이끌

코메디아 델아르테의 한 장면, 출처: wikipedia

어가는 교사의 전문적 능력을 '교육적 감식안'이라고 합니다[25]. 수업
은 살아있는 생물처럼 순간순간 반응하며 움직이기 때문에 '교육적 감
식안'으로 바라보고 즉각적으로 반응할 필요가 있는 것입니다.

　하지만 제가 이제껏 수업 구상 과정에서 짰던 '수업 계획안'은 이런
수업 특성을 반영하지 못하고 있었습니다. 교사의 말 한마디 한마디
가 1분 단위로 짜여져 있고, 학생들의 입에서 반드시 나와야 하는 말
이 대사처럼 미리 적혀 있으며, 정해진 수업 모형의 흐름대로만 수업
이 흘러가도록 고정화된 상태에서는 교사의 교육적 감식안이 발휘되
기 힘듭니다. 물론 수업 계획대로 학생들이 잘 따라와 주면 좋겠지만,
수업은 마치 유기체처럼 움직이기 때문에 변수가 없이 지나가는 경우
는 거의 없습니다. 즉, 너무 촘촘하게 짜인 수업 계획은 유기체인 수업

수업 계획안 예시

다. 본시 교수 학습 과정안

단원	2. 여러 가지 기체	차시	6 ~ 7 / 10	교과서	과학 66~69쪽
주제	폐 모형으로 이산화탄소 소화기 만들기			학습 형태	모둠학습
학습 목표	· 여러 가지 실험을 통해 이산화탄소의 성질을 말할 수 있다. (개념 영역) · 폐모형 이산화탄소 소화기를 꾸밀 수 있다. (과정 영역) · 모둠원과 협동하여 실험을 수행하여 검증할 수 있다. (태도 영역)				
학습 자료	PET병, 고무풍선 2개, 빨대2개, 집게 2개, 고무장갑, 양초, 집기병, 고무줄 3개				

학습과정	교 수 - 학 습 활 동		시간	자료 및 유의점
	교 사	학 생		
전시학습 상기 동기 유발	◆ 이산화탄소 성질 상기하기 ▷지금까지 배우거나 알고 있는 이산화탄소의 성질은 어떤 것들이 있나요? ◆ 동기유발 ▷만화책을 읽으면서 호흡운동의 전체 개요를 안다. ◆ 학습 문제 확인하기	· 무색, 무취 · 불이 꺼지게 만든다. · 석회수와의 반응에서 뿌옇게 흐려진다. · 공기보다 무겁다. - (만화책을 보고 호흡운동과정과 폐 모형의 상식을 알 수 있다)	2 3	㉮ 학습지A
학습 문제 확인	(폐)모형 (이산화탄소) 소화기 만들어 이산화탄소를 발생시켜 성질을 알아보자.		2	㉯ 판서
학습 활동 확인 폐 모형과 이름 알기	◆ 학습 활동 확인하기 ▷폐모형 만들어 호흡과정 알기 ▷이산화탄소 소화기로 변형하기 ▷이산화탄소 소화기로 게임활동하기 ◆ 폐모형과 실제 폐 비교 ▷학습지에 적으면서 모형과 비교하여 호흡기의 이름을 안다. ◆ 횡격막 움직였을 경우 예측하기 ▷폐 모형의 고무장갑을 아래로 당겼을 때 고무풍선은? ( ) ▷폐 모형의 고무장갑을 위로 올렸을 때 고무풍선은? ( )	 - 입, 기관, 기관지, 폐, 횡격막 - 부풀어 오른다. - 줄어든다.	3	㉰ 학습지B

을 일정한 우리에 가두게 되어 부자연스럽게 진행되기 쉬운 것입니다. 저도 몇 번의 공개 수업에서 학생들의 정해진 대답을 너무 바랐던 나머지 망쳐버린 경험이 있습니다. 수업 계획안이 복잡하면 복잡할수록 학생들의 반응에 즉각적으로 반응하고, 유동적으로 수업을 운용하기 힘들었습니다. 결국, 활동과 절차를 너무 얽매는 수업은 학생들의 배움에 초점을 맞춘 좋은 수업이 되기 어렵습니다. 과거에 짰던 수업 촘촘한 계획안 예시를 왼쪽(←)과 같이 가져와 보았습니다. 이러한 수업 계획안은 계획이 철저해서 예상하면서 수업할 수 있다는 장점이 있지만, 순간순간 변화하는 수업의 상황에 대처하기 힘들고 학생의 특정 대답이 나올 때까지 교사의 수업 진행을 제한한다는 문제점이 있습니다.

이러한 점을 해결하고자 저는 '수업 디자인'을 소개하고자 합니다. '수업'은 가르치고 배우는 과정이고, '디자인'이라는 것은 목적에 맞게 구체화, 실체화시키는 과정을 의미합니다. 김백균 선생님은 『쉬운 수업 레시피』에서 이 두 가지 의미를 연결 지어 '수업 디자인'을 '교사가 학생들에게 가르치는 방법을 구체화하는 것'이라고 정의했습니다. 현재 제가 속해 있는 학교를 포함한 많은 학교에서 수업 계획안 대신 수업 디자인을 공개 수업용 수업 지도안으로 채택하고 있습니다. 수업 디자인의 형식에는 수업의 유기적인 특성이 잘 반영되어 있고, 한 페이지에 모든 것을 담아내기 때문에 상대적으로 학생들의 진정한 배움에 대해 고민할 수 있는 시간이 더 생깁니다. 저는 수업을 공개할 때, 수업 당일까지도 활동들을 어떻게 연결할지 고민하고 전체적인 수업

학습과정	교수 - 학습 활동		시간	자료 및 유의점
	교사	학생		
실험 설계	◆ 폐 모형 만드는 실험 설계하기 ① PET병을 위에서 20cm 정도 되는 지점에서 칼로 잘라 낸다. ② PET병 뚜껑의 구멍에 주름이 간 부분이 아래로 되도록 빨대를 각각 한개씩 끼워넣습니다. ③ 빨대 주름 부분에 풍선을 끼우고 고무줄을 8번 정도 감습니다. ④ 다른 쪽 빨대도 같은 높이에 고무줄을 8번 감아주고 완성합니다. ⑤ 고무 풍선이 PET병 윗 부분을 통과하도록 하고 마개를 닫는다. ⑥ 고무장갑 반을 자른 것을 끼운 뒤, 고무줄을 5번 감는다. 폐모형 완성!! ▶(실험기구와 순서를 PPT 화면으로 안내한다) ▶실험을 진행하면서 주의해야 할 점에는 어떤 것들이 있을까요? 손을 들어 발표해봅시다. 결과 오류가 생길 주의 사항?	-(실험기구에 관한 문제를 해결하고, 실험 순서를 생각하며 종이를 배열해본다) -공기를 담은 집기병 속에 물이 가득 들어 있어야 한다. -갈때기에 넣은 묽은 염산이 전부 사라지면 안 된다. -유리 기구를 다룰 때 깨지지 않도록 주의한다. -PET병 잘린 곳에 손가락이 다치지 않도록 주의하세요. -칼,기구를 다룰 때에는 다치지 않도록 조심해서 사용하세요. -양초에 손이 데이지 않도록 조심하세요	12	⑧PPT 학습지C ▪자료들게 되어 할 수 있도록 순회지도 ▪학생들 스스로 실험순서를 확인하도록 하며 실험기구의 장치 부의마기 주의사항을 강조한다. ▪결과오류 주의사항의 이유를 설명할 수 있는지 유도해 본다.
실험 실험결과 확인	◆ 실험하기 1. 고무장갑을 아래로 당겨보자, 부풀어 오를 것이다. 2. 고무장갑을 다시 올려보자, 다시 줄어들 것이다. ▶실험이 끝난 모둠은 실험결과에 대한 학습지 작성을 마무리 합니다. ▶모둠별로 구호를 외칩니다. ◆ 실험 결과 확인하기 ▶ 폐 모형의 고무장갑을 아래로 당겼을 때 고무풍선은? ▶ 폐 모형의 고무장갑을 위로 올렸을 때 고무풍선은? ◆부풀어 오른 이유 확인하기 ▶실제 폐는 근육이 없어서 스스로 움직이지 못한다고 합니다. 폐 모형 속의 풍선이 부풀어 오르는 이유는 무엇일까요? 우리의 실제 폐와 비슷한 점은 무엇인가요?	(학습지 3번까지 정리한다) -부풀어 오른다. -다시 줄어든다. 이유: 고무장갑을 잡아당기면 병 속 부피가 커져 기압이 낮아지므로 고무풍선으로 공기가 들어와 부풀어 오른다. 실제 폐와 비슷한 점: 실제 폐도 근육이 없기 때문에 폐의 팽창과 수축이 횡격막과 늑골에 의해서 수동적으로 일어난다.	2 1 2	⑧실험장치 6,7개 학습지A ▪위험하지 않도록 순회지도 ⑧실험장치 6,7개 학습지B

학습과정	교수 - 학습 활동		시간	자료 및 유의점
	교사	학생		
결과에 따른 원인 파악하기	◆연소의 원리와 소화법 종류 소화가 영상을 보고 다음의 질문에 답해봅시다. 불이 꺼지는 원리는 무엇인가요? 소화법에는 어떤 종류들이 있나요?	불을 끄는 방법은 산소를 (21)%에서 (16%)이하로 낮추면 불이 꺼진다. 소화법의 종류: 냉각소화법, 질식 소화법	3	⑧영상 소화기 종류와 소화원리
생활에 적용	◆간이 이산화탄소 소화기를 만들어 게임을 해 볼까요? ①한쪽 풍선 썩 바람을 불어 넣고 빨대 5cm 위를 꺾어서 바람이 안통하도록 하고 집게로 집어준다. ②초가 있는 쪽 윗부분은 완벽히 실레로 막고, 초가 없는 쪽은 빨대를 넣을 공간을 위해 반만 막는다. ③다 준비가 되었으면 대류상자 속의 촛불을 CO2 소화기로 끈다.	-간이 이산화탄소 소화기로 게임을 수행함 (소화기로 끌 때 직접적으로 빨대로 불을 끄면 바로 탈락, 이 산화탄소를 쌓아서 불을 꺼야 함.)		⑧실험장치 6개 학습지D
학습 내용 확인	◆ 학습내용 확인문제 ▶상위 3개 모둠에게 학습내용확인 문제를 맞출 수 있도록 한다.	-폐는 (근육)이 없어서 횡격 막과 늑골로 수동적으로 움직인 다. -기관에서 폐로 가는 길은? 기관지이다.		
학습 내용 정리	◆ 학습내용 정리 ▶학생들에게 눈을 감고 따올릴 수 있도록 한다.			
차시 예고 및 실험 정리	◆ 다음 차시 예고하기 ▶다음 시간은 에너지와 도구 단원에서 지레를 이용하면 어떤 점이 이로운 지 알아보겠습니다.			

104

분위기를 상상했던 기억이 있습니다. 개략적인 흐름 속에 수업하는 것이기 때문에 수업 중에도 유연성을 가지고 대응할 수 있는 여유를 가질 수 있었습니다. 수업 디자인은 불필요한 틀이나 요소들을 줄이고, 수업에서 가장 중요한 부분인 학생들의 배움에 집중할 수 있는 지도안 틀이라 생각합니다. 수업 계획에 여유가 있어야 수업 지도안에 파묻힌 수업이 아닌 학생 한 명 한 명의 눈과 표정, 느낌까지도 잡아낼 수 있는 수업을 할 수 있는 것입니다. 다음 쪽에서 이러한 수업 계획안과 수업 디자인에 대한 차이를 제시한 김백균 선생님의 자료를 참고해보도록 하겠습니다.

수업 계획안과 수업 디자인의 차이[9]

구분		수업 계획안	수업 디자인
공통점	누가 만드는가?	선생님	
	왜 만드는가?	학생들의 학습 목표 도달을 위해	
차이점	핵심적인 질문	어떤 과정으로 진행할 것인가?	무엇을 할 것인가?
	대표적인 것	학습 모형	핵심 활동
	제시방법	구체적으로 제시	핵심 활동을 중심으로 여유 있게 제시
	수업 진행의 동시성	모두 같은 시간에 진행	학생들 간의 편차에 따른 차이가 있을 수 있음
	수업의 가변성	고정적 (정해진 절차가 있음)	유동적 (핵심 활동을 중심으로)
	특징	도입 전개 정리	핵심 활동
		수업의 흐름을 중심으로 진행	핵심 활동을 중심으로 확장

수업 지도안의 특징

그렇다면 수업 디자인을 어떻게 짜야 할까요?

수업 디자인은 한 페이지로 간단하게 작성함으로써, 유동성에 초점을 둔 지도안 방식입니다. 그러므로 최대한 수업의 핵심인 무엇을 ^{학습} 주제 선정, **누가** ^{학습자 이해}, **왜** ^{교사의 수업관}, **어떻게** ^{핵심 활동 구상, 수업의 흐름 구상 등}를 간략하게 실을 필요가 있습니다. 제가 있는 학교에서는 이러한 수업의 핵심 요소들을 녹여내어 '교사의 수업관, 수업의 흐름, 학습자 정보'란에 나누어 작성하도록 하고 있습니다. 구체적으로 수업디자인을 체계화하는 과정을 『쉬운 수업 레시피』와 『질문이 살아있는 수업』을 참고하여 다음 쪽 표와 같이 정리해 보았고, 실제 제가 작성했던 수업 지도안을 실어 보았습니다. 반드시 단계에 맞춰 순차적으로 할 필요는 없고, 유연하게 작성하면 된다고 생각합니다.

수업 디자인 체계화 과정

	수업 디자인 단계	체계화 과정	예시
무엇을	① 학습 주제 선정	무엇을 학습할 것인지 학습 목표를 정합니다	등장인물 사이의 관계도를 그려서 인물 간의 관계 파악하기
누가	② 학습자 이해	이 수업을 받는 학생들이 어떤 상황인지 파악합니다	다른 과목에 비해 편차가 적지만, 국어 수업에 흥미가 없다
왜	③ 필수 지식 찾기	학생들이 사전에 꼭 알아야 하는 개념이 무엇인지 예상하고 준비합니다	우리 반 사회관계도 그리기 활동을 이전 차시에 함으로써 관계도 그리는 방법을 미리 파악함
어떻게	④ 교사의 수업관	이 수업이 왜 필요하고, 어떤 의도로 수업을 준비했는지 고민합니다	온책읽기를 함으로써 단편적인 문학작품 감상에서 벗어나 국어에 흥미를 주기 위해서 이 수업을 준비했다
	⑤ 교실 장면 구상	수업 진행 시 교실의 자리 배치와 수업장면을 미리 상상합니다	개인별 → 모둠 → 전체

개인별 → 모둠 → 전체

4모둠   3모둠
홍○○ 박○○   강○○ 황○○
5모둠 최○○ 김○○   최○○ 최○○ 2모둠
김○○ 김○○   김○○
김○○ 이○○   김○○ 이○○
6모둠   1모둠
        최○○
최○○ 김○○   제○○ 윤○○
                    칠판   한○○ 유○○

교실 수업 장면 구상

⑥ 핵심 활동 구상	학생들이 배움에 도달하도록 도움을 주려는 활동들을 떠올립니다	〈활동 1 : 개인 활동〉 – 등장인물 알아보기 – 개인별로 등장인물 관계도 그려보기 〈활동 2 : 모둠 활동〉 – 모둠에서 등장인물 알아보기 – 모둠에서 등장인물 관계도 그려보기 – 등장인물 사이에 일어난 사건 알아보기 〈활동 3 : 개인 – 전체활동〉 – 핫시팅(뜨거운 의자)으로 서로에 관해 물어보기
⑦ 도구 준비	준비물이나 학습 도구를 미리 준비합니다	빨간색과 파란색의 포스트잇
⑧ 수업의 흐름 생각하기	일정한 목표를 향해서 갈 수 있도록 흐름을 잡아줍니다	개인별 → 모둠으로 하면서 자신감을 가지고 활동에 참여하게 함
⑨ 수업의 흐름 연결하기	수업의 흐름이 끊기지 않고 매끄럽게 연결될 수 있도록 합니다	자유롭게 포스트잇을 붙이는 허용적 분위기를 마련함

수업 디자인 예시

수업디자인

수업일시	2017. 10. 20. 1교시		수업자	최섭	대상반 (장소)	5-3교실
수업 교과	국어	지도단원	17. 강적 등장		차 시 (교과서쪽수)	17(172쪽)
주 제	등장인물의 관계도 그리기					

교사의 수업관	우리 반 학생들의 국어 능력은 수학과 같은 다른 주지교과목에 비하면 편차는 작은 편이다. 하지만 학생들은 단답식 국어책 문제풀이에 질려 국어 수업에 흥미를 잃어가고 있고, 교사도 이를 보면서 지쳐가고 있는 상황이다. 교과서의 단편적인 지문만으로는 문학 작품을 감상하기에 어렵다고 판단하여 온책읽기를 통해 교육과정 내용을 재구성하였다. 온책읽기 활동을 통해 학생들이 국어 텍스트와 친해지고, 친구의 글 감상 활동을 통해 국어가 어렵다는 생각에서 벗어나길 바라는 마음에서 온책읽기를 시작하였다. 1학기에는 "꽹이부리말 아이들"을 2학기에는 "샬롯의 거미줄"을 국어 교육과정에 적용해서 수업해왔다. 온책읽기를 하면서 학생들이 조금 더 등장인물의 감정에 몰입하였고, 국어 수업의 전반적인 분위기를 바꿀 수 있었다. 아이들과 교사 모두의 삶에 의미가 있고 재미있는 수업을 만들어가고 있는 중이다. 　본 차시에서는 저번 시간에 배운 우리 반의 인물관계도를 그려본 경험을 살려서 '등장인물의 관계도 그리기' 활동을 할 계획이다.
수업의 흐름	〈활동 1-모둠 활동〉 -등장인물 알아보기 -모둠별로 등장인물 그려보기 〈활동 2-전체 활동〉 -모둠에서 그린 관계도 서로 발표하기 -모둠별로 서로의 관계도 감상하기 〈활동 3-개인-전체활동〉 -핫시팅으로 서로 관계에 대해 물어보기
학습자 정보	（모둠 배치도） 4모둠: 홍00 양00 / 최00 김00　　3모둠: 강00 한00 / 최00 한00 5모둠: 염00 김00 / 진00 이00　　2모둠: 김00 / 김00 이00 6모둠: 김00 / 최00 윤00　　1모둠: 채00 유00 / 한00 오00 칠판

110

이 책에서 교사가 학생과 말로 하는 상호작용을 '발화'라는 개념으로 가져가고자 합니다. 설명뿐만 아니라 질문과 그 기다림까지 수업에서 일어나는 교사의 모든 말들이 학생들의 배움에 도움이 되기 위한 발화로서 작용한다고 보았습니다.

> 저는 난삽한 논리와 경직된 개념으로 표현되지 않고 생활 주변의 일상적인 사례와 서민적인 언어로 나타나는 소위 예술적 형상화가 이루어진 상태를 가히 최고의 형태로 치고 싶습니다.
>
> 신영복, 『감옥으로부터의 사색』 중

1. 설명

학생들이 이해하기 쉽도록 효과적으로 설명하는가?

선생님들은 대체로 동기유발 이후에 설명을 통해서 수업을 풀어나가곤 합니다. 설명을 교사가 일방적으로 지식을 전달하는 방식이라고 단적으로 여기는 사람들도 있습니다. 하지만 설명은 학생들이 서로의 의견을 나눌 수 있는 '개념'이라는 도구를 제공하고 마음껏 사고할 수 있는 발판을 만들어주는데 매우 효과적인 방법입니다. 저는 80분 수업에서 필요하다면 10~20분 정도 설명을 하는 편입니다만, 매번 설명하면서도 학생들에게 어려운 개념을 좋은 사례와 쉬운 말로 설명해 내는데 어려움을 느낍니다. 그렇다면 어떻게 설명을 해야 할까요? 이창

덕 선생님은『수업을 살리는 교사화법』에서 효과적인 설명 방법 8가지를 아래와 같이 제시하고 있습니다.

설명 방법의 종류[23]

설명 방법 종류	정의	예시
개념 정의하기	내용을 알기 쉽게 풀어가는 방법	아리랑의 뜻은 아리고 쓰리다는 것과 연관이 있는 뜻이라고 추론하는 사람들이 있어요.
도식화하기	그림을 그려서 설명하는 방법	먹이피라미드는 그림에서처럼 맨 아래에 식물이 있고, 그 위에 초식동물과 육식동물이 자리하고 있어요. 도식화 예시(먹이피라미드)
분류하기	사례나 속성을 범주에 따라 묶는 방법	자전거를 주로 타는 장소에 따라 일반자전거, 산악자전거, 경기용 자전거로 나눌 수 있어요.
분석하기	여러 요소가 뒤섞여 있는 것을 그 요소나 성질에 따라 쪼개어 설명하는 방법	자전거는 크게 페달과 체인 부분과 바퀴 부분, 핸들 부분이 있어요

시범 보이기	학생에게 지식을 다루는 과정이나 기능을 직접 시연하는 방법	각도기를 사용해서 선생님이 각도를 재어 보겠습니다. 잘 재고 있는지 봐주세요.
예시 들기	주제와 관련된 사항을 구체적 사례를 통해 설명하는 방법	다른 사람을 도와주면 자신도 복을 받고 행복하게 되는 경우엔 어떤 경우가 있을까요?
비유하기	어렵고 낯선 개념을 쉽고 친근한 것으로 대체해서 인식하도록 도와주는 방법	컴퓨터의 CPU는 인간의 머리로 비유할 수 있고, RAM은 우리가 쓰는 책상으로 비유할 수 있어요.

2. 질문

자기 나름의 생각을 가지도록 질문하는가?

최초의 배움이 있기 시작한 순간부터 '질문'은 존재했습니다. 춘추 전국시대 때부터 공자가 처음으로 평민을 위한 학교를 만들었는데, 이때의 배움은 스승을 찾아가서 궁금한 것을 묻고 가르침을 청하는 형태였습니다. '학문學問'이란 '배움學: 배울 학'과 질문問:묻다 문'이고, 질문을 통해 배우는 것이 학문의 본질이며 출발점이었습니다.

그렇다면 질문이란 무엇일까요? 질문이란 '화자가 청자에게 모르거나 의심나는 것을 물어봄으로써 대답을 통해 모름을 해결하는 것'입니다.[23] 그런데 수업에서 교사가 하는 질문에는 '모름의 해결'이 목적에 덧붙여 다른 목적을 수반하는 경우가 있습니다. 교사가 수업에서 하는 질문은 '학생 각자의 내부에서 물음이 솟아 묻는 주체로 전환되도록 교사가 던지는 물음[37]'으로서 학생 스스로 질문이 생기도록 도와주는 또 다른 의도가 있는 것입니다. 학생이 물어올 때까지 기다려 주는 것이 진정한 교육의 길이라고 생각할 수도 있겠지만, 교사가 질문함으로써 마중물처럼 학생의 질문을 이끌어 낸다면 인위적이더라도 자연스러운 교육으로 여겨질 수 있을 것이라 생각합니다. 여기에서 중요한 점은 질문의 주된 목적이 학생들에게 교사의 머릿속 생각을 맞추도록 하는 것이 아니라 각자의 답을 만들어 가도록 안내하는 것이라는 사실을 잊지 않는 것입니다. 즉, 질문을 통해 학생들은 사고하는 주체가 되고 궁금증이 풀릴 때까지 세상 모든 지식과 나를 연결하여, 자기 나름의 생각을 만들어내는 과정이 일어나는 것입니다.

또한 질문은 김백균 선생님이 『쉬운 수업 레시피』에서 이야기 한 '플랫폼Platform'으로 안내하는 역할과도 관련이 있습니다. '플랫폼'이란 '판'으로 안내하는 하나의 공간에서 사람들이 모여 공통된 의미가 발생하고 가치가 높아지는 곳입니다. 즉, 학생들이 모이는 물리적 공간인 '교실'에서 머무는 것이 아니라 모두의 생각이 존재하는 정신적 공간에 들어가려면, 수업에서 자유롭게 뛰어놀 수 있는 정신의 놀이터로 안내해 주어야 하는 것입니다.

그 놀이터에 가기 위해 길 안내 해주는 것이 질문의 역할입니다. 질문을 통하여 수업에서 학생들이 가지고 있던 경험이나 흥미를 끌어냄으로써, 학생들이 수업에서 마음껏 사고할 수 있는 놀이터로 갈 수 있는 발판을 마련해 줄 수 있습니다.

수업에서 하는 질문에는 여러 종류가 있습니다. 그중에서 저는 '수업 단계'에 따른 질문 유형과 '사고 유형'에 따른 질문 유형, 그리고 '교육목표 분류체계'에 따른 질문 유형으로 정리해 보았습니다.

○ 수업 단계 질문

머리, 가슴, 다리 질문을 각 단계에 맞게 질문하는가?

앞에서 "머리→ 가슴→ 다리"의 순서로 수업 단계를 나누어 보았습니다. 이제 수업 단계에 따라 어떤 질문이 필요한지 아래와 같이 정리해 보았습니다.

① 머리 질문

머리 질문은 수업 도입 단계에 하는 질문으로써, 학생들의 실제 삶과 그 수업의 주제를 이어줍니다. 즉, 수업을 시작할 때, 동기를 유발할 수 있는 질문을 함으로써 학생들의 흥미와 지적 호기심을 자극하고 학생들을 수업에 참여시킬 수 있는 것입니다. 그리고 머리 질문은 학생들의 인지-기억을 도와주고 블룸Bloom의 교육목표 분류체계 표에서 '지식'에 해당하는 질문입니다. 그 예로, '제주도에서 편지를 빈 병에 넣어 바다에 던지면 누가 그 편지를 받을 수 있을까?'와 같은 질문을 들 수 있습니다.

② 가슴 질문

학생들이 수렴적 사고를 할 수 있도록 정보나 사실에 기반한 전개를 하도록 도와주는 질문입니다. 블룸^{Bloom}의 교육목표 분류체계표에서 '이해'에 해당하는 질문으로서 학습 내용의 이해를 돕는 질문입니다. 가슴 질문은 도입이 이루어진 뒤에 주로 다루며, 주로 정답이 있는 질문을 하게 됩니다. 그 예로, '해류의 특징은 무엇인가?'와 같은 질문을 들 수 있습니다.

③ 다리 질문

다리 질문은 이제 배우고 이해한 지식을 삶에서 실천해 보도록 도와주는 질문입니다. 블룸^{Bloom}의 교육목표 분류체계표에서 '적용, 분석, 종합, 비판'에 해당하고, 주로 발산적 질문이 이 범주에 속합니다. 고차원적 사고로 도약할 수 있는 질문과 삶 속에서 지식을 실천할 수 있는 질문이라 할 수 있겠습니다. 그 예로, '실제 제주도에서 던진 빈병이 도착하는 위치를 해류를 보고 예상 경로를 지도에 그려볼까요?' '배로 한국에서 미국으로 이동한다면 가장 빠른 바닷길은?'과 같은 질문을 들 수 있습니다.

○ 사고 수준 단계 질문
사고 수준의 단계가 반영된 질문을 하는가?

교사 　오늘은 글쓰기 수업을 하겠습니다.
　　　대중매체에서 나오는 '사랑 표현의 문제점'에 대해서 12줄 써
　　　서 오세요.
학생 　선생님 어떻게 12줄이나 써요?
교사 　자세히 한 번 생각해 보세요.

부끄럽지만 위의 대화는 제가 글쓰기 수업을 할 때의 했던 수업장면 일부입니다. 글쓰기에 대해서 제대로 배운 적도 없고 학생들에게 어떤 조언을 해야 하는지도 몰랐기 때문에 '자세히'라는 말 이외에는 해줄 말이 없었습니다. 글쓰기는 매우 고차원적인 사고수준을 요하는 활동이기 때문에 학생들이 아주 힘들어합니다. 그런데 무턱대고 '자세히' 쓰라고만 이야기한다면, 대부분의 학생이 제대로 된 사고 활동에 참여하지 못하고 포기하게 됩니다. 학생들도 힘들고 그런 학생들을 보고 있는 교사들도 마음이 힘듭니다. 글쓰기와 같은 고차원적인 활동에 대부분의 학생이 참여하기 힘들어하는 이유에는 여러 가지가 있겠지만, 학생들의 사고 수준을 단계별로 끌어올리는 데 도움을 주지 못한 수업구성에 가장 큰 원인이 있습니다. 즉, 학생들을 고차원적인 활동을 하는 사고 수준까지 끌어올리기 위해서는 저차원적인 사고부터 단계를 밟아가는 수업의 흐름을 잡아갈 필요가 있는 것입니다. 모든 학생

이 참여하기 위해서는 낮은 수준의 사고부터 차근차근 밟아서 고차원적인 사고 수준이라는 무대에서 사고하며 놀 수 있도록 계단을 만들어 주어야 합니다. 이 계단 역할을 하는 것이 사고의 수준에 따른 질문들이라 볼 수 있습니다. 학생들은 이런 질문들의 도움을 받아 훨씬 자연스럽고 쉽게 고차원적 사고의 방향을 잡을 수 있습니다. 김태현 선생님은『교사, 수업에서 나를 만나다』에서 학생들의 사고 수준을 사실적 사고, 추론적 사고, 비판적 사고, 창의적 사고, 성찰적 사고의 5개 수준으로 나누어서 제시하고 있습니다. 다음 쪽(→)의 표와 같이 사고 수준 단계에 맞춰 질문을 해 나간다면 위의 글쓰기와 같은 고차원적 활동에 보다 쉽게 참여할 수 있는 것입니다. 또한, 표 하단에서는 '대중매체에서 보여주는 사랑표현의 문제점을 밝히고 자기 생각을 글로 표현해 보기'처럼 고차원적(성찰적) 사고의 글쓰기를 하기 위해 할 수 있는 사고 수준의 질문 예시를 다루고 있습니다.

사고의 수준 질문 예시

사고수준	정의	질문 예시
사실적 사고	지식이 단순히 머릿속 정보로 기억됨	사랑이란 무엇일까요? 우리가 일상에서 보는 사랑표현에는 어떤 것이 있을까요?
추론적 사고	왜? 라는 질문을 던지고 보이지 않는 부분까지 추리, 탐구함	그러면 우리가 대중매체에서 보았을 때 어떤 사랑표현이 나온 것을 보았나요?
비판적 사고	왜? 라는 질문에 합리적인 대답을 찾음 증거에 근거해서 논리를 총동원하여 결론을 내리고 판단함	대중매체에서 나온 사랑 표현에 대해서 어떻게 생각하나요?
창의적 사고	전혀 다른 영역 간에 통합이 일어나 이를 표현함 알고 있거나 배운 내용을 바탕으로 새로운 것을 연결하는 창조적인 적용을 함	우리가 알고 있는 일상의 사랑표현과 대중매체에서 보여주는 사랑표현을 비교해 볼까요?
성찰적 사고	교과 지식을 배우는 의미를 깨닫고 자기 삶과 사회를 성찰함 자신의 행동 변화를 가져옴	대중매체에서 보여주는 사랑표현의 문제점을 밝히고 자기 생각을 글로 표현해 봅시다

○ 사고 유형 질문 Gallagher & Aschner

사고 유형에 따라 적절한 질문을 하는가?

교사	나팔꽃이 잘 자라려면 무엇이 필요할까요?
학생	……
교사	누군가 나팔꽃을 훔쳐갔다가 2일 만에 화분을 찾았습니다.

교사 누군가 나팔꽃을 훔쳐갔다가 2일 만에 화분을 찾았습니다.
그런데 나팔꽃이 완전히 시들어 있었습니다.
이틀 동안 어디에 있었을까요?
2분 안에 5자 이내로 기록하고 짝과 교환해 보세요.

위의 수업 대화는 한형식 선생님의 『모두가 참여하는 수업에는 법칙이 있다』에서 나왔던 예시로서, 학생들의 사고를 촉진하는 데 질문이 중요한 역할을 한다는 사실을 알려주고 있습니다. 질문에 따라 학생들이 생각하는 유형이 바뀌게 되는 것입니다. 위 대화에서 첫 번째 했던 질문은 학생들에게 물, 햇빛, 공기라는 단순한 답에 수렴하는 사고를 하게 만들지만, 두 번째 질문은 "어디에 있었을까요?"라는 발산적 질문을 통해서 실내, 그늘, 시멘트 위 등 다양한 삶의 장소에 처한 나팔꽃을 학생들이 상상하도록 자극하고 있습니다. 물론 수렴적 사고 질문이 필요한 경우도 많이 있습니다만, 되도록 단답형으로 학생들이 정답만 찾지 않고 다양하고 열린 사고를 하도록 질문하는 것이 좋습니다. 또한, "학생 1은 학생 2의 의견에 대해 어떻게 생각하나요?"라는 질문처럼 학생들의 사고가 계속 확산될 수 있도록 자기 생각이나 다른 학생의 생각을 연결하면서 질문해 나가는 것도 발산적 사고와 평가적 사고에 도움이 됩니다.

그렇다면 사고 유형에 따라서 구체적으로 어떻게 적절한 질문을 던져야 할까요? 갤러거Gallagher 와 애쉬너Aschner 는 교사와 학생의 인지적 상호작용을 분석한 결과, 교실에서의 질문을 인지기억 질문, 수렴적 사고 질문, 발산적 사고 질문, 평가적 사고 질문, 일상적 질문의 5가지로 분류했습니다. 다음 쪽 표에서는 김현섭 선생님의 『질문이 살아있는 수업』에서 밝힌 수업의 목적을 기반으로 각 사고 유형에 대한 정의와 사고체계, 예시 질문들을 정리해 보았습니다.

사고 유형에 따른 질문 ^{Gallagher & Aschner}

유형	정의	사고체계	목적	예시
인지 기억 질문	사실을 단순 회상하는 질문	변별하기, 기억하기	• **진단과 점검하기** 지난 시간에 배운 부력에 관해 설명해 볼래? • **학생들의 관심사, 지식 등에 대한 정보를 수집하기** 혹시 소크라테스에 대해서 아는 사람 있니?	글의 종류에는 무엇이 있습니까?
수렴적 사고 질문	여러 생각이 하나로 모이는 형태의 사고가 일어나는 하나의 정답을 요구하는 질문	연결, 구성, 분류, 적용	• **학생들의 학습 내용 이해 여부를 확인하기** 오늘 배운 소설의 등장인물에 관해 설명해 볼래? • **학생들의 사고력을 촉진하기** 오늘 배운 내용을 너의 말로 다시 설명해 볼래?	이 글의 종류는 무엇입니까?
발산적 사고 질문	하나의 생각에서 다양한 형태로 생각이 뻗어 나가는 정답이 여러 가지 나올 수 있는 질문	의견 제시, 추론	• **흥미와 주의 집중 유발** 달에 도착하면 제일 먼저 무엇을 보게 될까? • **학생들이 자신의 의견이나 감정을 입증하도록 하기** 시에서 반복된 단어가 너에게 어떤 느낌을 주었니? • **학생들의 배경 지식, 경험과 학습 내용을 연결하기** 너도 이와 비슷한 경험이 있니? • **학생들이 새로운 개념이나 원리를 발견할 수 있도록 돕기** 이 실험으로 무엇을 알 수 있을까?	글의 종류를 알아내는 방법을 생각해 봅시다
평가적 사고 질문	여러 의견을 판단하고, 자기 입장을 선택한 뒤 정당화하기 위한 질문	정당화, 판단	• **학생들이 판단해 보는 것을 통해 자기 의견을 확립** 지하철에서 남의 시선을 의식해 임산부에게 자리를 양보했다면, 이것을 도덕적인 행동이라 할 수 있을까?	왜 이 글이 수필이라고 생각했습니까?
일상적 질문	교실에서 일어나는 여러 상황에서 학생들의 행위를 안내, 유도하기 위한 질문	의도 파악	• **수업 관리** 선생님께 허락받고 자리를 옮긴 거니?	수필을 다 쓴 사람은 이동하면서 서로의 작품을 바꿔 보도록 해볼까요?

○ 교육목표 분류체계 질문

교육목표 분류체계에 따라 다른 질문을 하는가?

미국의 교육심리학자 벤저민 블룸^{Benjamin S. Bloom}은 "교육목표 분류 체계"를 통해 교육에서 일어나는 목표를 지식 ^{지식을 얻는 단계}, 이해 ^{근본적인 사실과 개념을 이해하는 단계}, 적용 ^{지식을 문제 푸는 데 적용할 수 있는 단계}, 분석 ^{추론을 이끌어내기 위해 개념과 관계를 분석할 수 있는 단계}, 종합 ^{지식과 개념을 새로운 방식으로 종합할 수 있는 단계}, 평가 ^{의견과 개념을 평가하고 증거와 객관적 기준에 따라 판단하는 단계} 등 6가지 목표로 나누었습니다. 교사들은 수업 상황에 알맞은 질문을 하여 학생들이 교육 목표에 적절한 사고를 할 수 있도록 돕는 질문을 알아둘 필요가 있습니다. 김현섭 선생님의 『철학이 살아있는 수업기술』, 『질문이 살아있는 수업』 등을 참고로 위에서 다뤘던 질문들을 종합해 다음 쪽에 한 개의 표로 정리해 보았습니다.

교육목표 분류체계 질문 Bloom

수업단계	교육목표	정의	수업의 과정	자주 사용하는 동사	예시	사고수준	사고유형	목적
머리	지식(기억하기)	기억하는 사실을 회상, 기술할 수 있으며, 사실, 용어 정의, 원리, 법칙, 등을 인지하도록 요구하는 질문	반복 암기	정의하다. 열거하다. 묘사하다. 이름을 말하다. 확인하다. 암송하다.	직선의 정의는 무엇일까?	사실적 사고	인지 기억 질문	• 진단과 점검하기 지난 시간에 배운 부력에 관해 설명해 볼래? • 학생들의 관심사, 지식 등에 대한 정보를 수집하기 혹시 소크라테스에 대해서 아는 사람 있니?
가슴	이해(이해하기)	배운 사실을 설명(단순, 요약, 추상), 정교화 하거나(번역), 다르게 말하도록 요구하는(해석) 질문	설명 예증	바꾸어 설명하다. 부연하다. 설명하다. 확대하다. 요약하다.	직선의 정의를 너의 말로 다르게 설명해 볼래?		수렴적 사고 질문	• 학생들의 학습 내용 이해 여부를 확인하기 오늘 배운 소설의 등장인물에 관해 설명해 볼래? • 학생들의 사고력을 촉진하기 오늘 배운 내용을 너의 말로 다시 설명해 볼래?
	적용(적용하기)	처음 배울 때와는 다른 문제 상황에서 지식을 적용하도록 요구하는 질문	실습 전이	응용하다. 작용하다. 증명하다. 해결하다. 채용하다. 활용하다.	이 두 점 사이를 잇는 직선을 그리려면 어떻게 해야 할까?	추론적 사고		• 흥미와 주의 집중 유발 달에 도착하면 제일 먼저 무엇을 보게 될까? • 학생들이 자신의 의견이나 감정을 입증하도록 하기 시에서 반복된 단어가 너에게 어떤 느낌을 주었니?
	분석(관련짓기)	문제를 구성하는 요인을 분해하거나(요소 분석), 그 사이의 관련성(상관관계)을 도출하도록 요구하는 질문	연역 귀납	분해하다. 가리키다. 구별하다. 관련짓다. 식별하다. 지지하다.	여러 선 중에서 어떤 것이 직선일까?		발산적 사고 질문	• 학생들의 배경 지식, 경험과 학습 내용을 연결하기 너도 이와 비슷한 경험이 있니?
다리	종합(창조하기)	다양한 요인을 연결하여 문제를 새롭고 독창적으로 해결하도록 요구하는 질문	확산 일반화	비교하다. 공식화하다. 창조하다. 예측하다. 고안하다. 산출하다.	자를 사용하지 않고 직선을 그리려면 어떻게 해야 할까?		창의적 사고	• 학생들이 새로운 개념이나 원리를 발견할 수 있도록 돕기 이 실험으로 무엇을 알 수 있을까?
	평가(평가하기)	정해진 기준을 바탕으로 판단하고 의사 결정하도록 요구하는 질문	식별 추론	평가하다. 옹호하다. 판단하다. 결정하다. 정당화하다.	여러 종류의 선을 그려보고 친구들이 그린 선 중에서 어떤 선이 직선인지 찾아볼까요?	비판적 성찰적 사고	평가적 사고 질문	• 학생들이 판단해 보는 것을 통해 자기 의견을 확립할 수 있음. 지하철에서 남의 시선을 의식해 임산부에게 자리를 양보했다면, 이것을 도덕적인 행동이라 할 수 있을까?

질문하기는 어쩌다 한 번씩 일어나는 일이 아니라, 어린아이로 존재한다는 것의 본질에 해당하는 일이다.

미셸 슈나이더, 『부모 공부』 중

사려깊은 질문에는 이미 그 절반의 지혜가 담겨 있다.

프란시스 베이컨

여행을 다녀와서, 책을 읽고 나서, 수업을 다녀와서 변하는 것은 세상이 아니라 나의 시각이어야 합니다. 세상을 보는 방법이 바뀌고 행동이 바뀌어야 진정한 공부라 할 수 있습니다. 나라는 사람을 움직이는 것은 누군가의 정해진 답이 아니라, 내 스스로 질문하고 풀어가는 과정에 있다는 것을 잊지 않아야 합니다. 결국 우리를 움직이는 것은 답이 아니라 '질문'입니다.

윤소정, 『인문학 습관』 중

3. 기다림

학생의 대답을 3초 이상 기다려 주고, 나중에 기회를 한 번 더 주는가?

교사	OO야. 이 그림 장면은 무엇이라고 생각하니?
학생	…
교사	아. 잘 모르는구나. 그 옆에 OO는 뭐라고 생각하니?

교사들은 진도를 나가야 하는 입장에서 너무 바쁘기 때문에 학생들을 기다려 주지 않습니다. 그리고 교사들은 마치 3초간의 침묵이 생기면 방송사고로 여기는 라디오 DJ처럼, 교실 대화 상황에서 학생이 침묵하게 되면 안절부절못하고 침묵하는 분위기를 두려워합니다. 하지만 성격 유형 이론에 따르면 내성적인 사람은 질문에 대답하는 데 최소 7초 이상의 시간이 필요하다고 하다고 합니다[39]. 또한, 도나 워커 타일스톤은 『좋은 수업의 실제 10가지』에서 학생들의 대답을 적어도 '3초'는 기다려 주라고 이야기합니다. 학생들은 시간을 줄 때만 생각할 수 있고, '성장'이라는 공부의 즐거움을 알아갈 수 있습니다. 하지만 충분히 기다려 주어도 못 하는 경우가 있습니다. 이럴 때는 나중에 다시 한번 기회를 주는 것으로 그 대화를 마무리 지을 수 있습니다. 다시 한번 기회를 얻게 되면 그 학생은 조금 더 여유롭게 자기 생각을 정리할 시간을 갖고 실수를 만회할 기회를 통해 적극적으로 수업에 참여할 수도 있을 것입니다. 그리고 다시 발표 기회를 줄

때는 교사가 추가로 힌트를 주거나 발문의 수준을 조정해서 학생을 도와주는 것이 학생의 참여를 유발하는데 좋습니다.

교육에서 가장 중요한 두 가지만 꼽으라면, 기다리는 것과 학생을 나와 다른 인격체로 존중해 주는 것이다. 중간에 간섭하지 않고 채근하지 않고 기다려 주는 것만 잘해도 학생은 잘 성장한다.

잘 기다려 주려면 학생이 나와 다르다는 것을 인정해야 한다. 학생을 나와 동일한 존재로 생각하거나, 학생을 휘어잡으려고 하면 기다리지 못한다. 학생이 내 마음과 다르게 행동하거나 내가 계획한 것과 다른 방향으로 가면 내 마음이 불편해지기 때문이다. 그럴 땐 학생이 나와 다른 존재라는 것을 인정해야 가만히 지켜볼 수 있다.

오은영, 『못 참는 아이 욱하는 부모』중

교사가 학생을 포기하지 않고, 교육을 통한 학생들의 변화에 긍정
적인 태도를 유지할 수 있는가?

카이스트의 정재승 교수님에 의하면 "부정적인 태도를 가진 사람들
이 사회적으로 성공할 확률이 높다."고 합니다. 이 말은 다시 말해 부
정적으로 사고하는 사람들이 관리자가 될 확률이 높다는 것입니다. 왜
냐하면, 어떤 아이디어든 언제든지 성공하거나 실패할 수 있는데, 대
부분 성공$^{5\%}$보다는 실패 확률$^{95\%}$이 더 높기 때문입니다. 그러므로 "안
될 거야", "불가능해" 등과 같은 부정적인 판단을 하는 사람의 말이 맞
는 경우가 더 많은 것입니다. 그 결과, 자연히 그 사람 말의 신뢰도가
높아지고 조직에서 성공해 관리자가 될 확률도 높아집니다.

이는 교직 사회라는 조직에서도 어느 정도 적용됩니다. 경력이 오래
되고 산전수전을 겪은 교사들은 학생들을 교육하면서 힘든 상황을 무
수히 경험해 왔기 때문에 새로운 것에 대해 부정적인 판단을 우선 하
게 됩니다. 심지어 몇몇 교사분들은 상처가 너무 깊어 '교육을 통한 학
생들의 변화' 자체에 회의적인 태도를 보이기도 합니다. 물론 학생들
이 처해있는 가정상황이나 갖고 있는 선천적 능력에 한계가 있으므로
교육으로 바뀌지 않는 부분도 존재합니다. 그래서 단지 학생 탓으로
여기면 교사 입장에서는 편합니다. 저 역시 한 때는 학생들과 실랑이
하느라 많이 힘들었고, 그 책임을 회피하기 위해 무조건 학생 탓으로

돌리곤 했습니다. 하지만 모든 것을 학생 탓으로 돌리기만 하는 교사는 더 발전하기 힘들 다는 것을 알게 되었습니다. '교육을 통한 학생들의 변화'가 잘 보이지는 않지만 조금씩 긍정적인 방향으로 변할 수 있다는 희망을 품고 꾸준히 나아가는 과정에서 교사와 학생 모두 상생할 수 있습니다.

제 경우 가르치는 해를 거듭하면서 저로 인해 학생들이 많이 변한다는 사실을 느꼈을 때, 교사로서 힘든 과정을 겪으면서 품고 있던 '교육을 통한 학생들의 변화'에 대한 회의적인 태도를 버릴 수 있었습니다. 학생들은 매일 6시간 정도의 시간을 저와 함께 보내는 동안 가랑비에 옷 젖듯이 바뀌어 가게 되고, 1년이 지난 매해 학생들이 저를 닮아가는 무서움을 경험합니다. 선생님들이 교육을 1년의 농사에 비유하는 것도 이와 같은 맥락에서 나온 말입니다. 초목이 매일매일 자라는 것이 눈으로는 명확히 보이지 않지만 어느새 1년이 지나면 꽃을 피우고 열매를 맺듯, 학생들도 매일의 변화는 명확히 보이지는 않지만 1년이 지난 다음에는 마음 속에 꽃과 열매를 맺고 있는 것입니다.

핀란드에서의 교육의 목표는 '한 명의 낙오자도 없도록 모두의 능력을 끌어올리는 것'이었고, 이 목표를 가지고 교육혁명을 이뤄 냈습니다[6]. 교사들이 학생들을 포기하지 않고 적극적으로 배움에 대한 책임을 느낄 때 학생들은 더 큰 변화를 이룰 수 있을 것입니다. "가르친다는 것은 희망을 말하는 것, 배운다는 것은 성실을 가슴에 새기는 것"이라는 프랑스의 시인 루이 아라공Louis Aragon의 시처럼, 많은 선생님이 아이가 변할 수 있다는 희망을 안고 1년간 성실히 아이를 교육하는 보람찬 농부의 역할을 성공적으로 해내시길 기대해 봅니다.

나는 아이와 문제가 생기면 일단 내 잘못이라고 생각한다.
어쨌든 나는 자신을 책임질 수 있는 어른이기 때문이다.

스튜어트 다이아몬드, 『어떻게 원하는 것을 얻는가?』중

당신이 교사로서 한 아이의 인생을 더 낫게 변화시킨다면 세상은 개선된 것이다. 삶의 질을 향상시키는 것은 더 많은 생명을 구하는 것이나 마찬가지이다.

티모시 페리스, 『4시간』중

1. 관계

교사와 학생이 좋은 관계를 맺는가?

게리 채프먼은 『행복한 교실을 만드는 5가지 사랑의 언어』에서 "학생이 교사와 관계를 잘 형성하지 못하면 그 학생은 학업 성취에 도움이 되는 그 어떤 일에도 성공하기 어렵다."고 이야기합니다. 그리고 교사와 학생 사이에는 '인간관계'와 '학업관계'의 2가지 유형의 긍정적인 관계가 형성되어야 하며, 우수한 학업 성적과 성과는 '인간관계'와 '학업관계'가 교차하는 지점에서 이루어진다고 보았습니다.

첫 번째 유형인 '인간관계'는 말 그대로 개인과 개인, 인간 대 인간의 관계를 말합니다. 이 관계는 교사가 학생을 학급의 구성원으로서 여기고, 인격체로 존중해 주는지에 달려 있습니다. 두 번째 유형인 '학업관계'는 교사와 학생으로서 배움이 일어날 수 있는 관계를 이야기합니다. 이 관계는 학생들이 수업시간을 의미 있고 유익하게 쓸 수 있도록, 그 시간을 소중하게 여길 때 좋은 관계가 형성되게 됩니다. 그런데 이렇게 존중하는 관계를 교실에서 만들기란 말처럼 쉽지 않습니다. 한 명의 교사가 여러 명의 학생과 하루에도 수많은 상호작용을 하며 시간을 보내게 되고 학생들이 많은 만큼 개개인의 학생들과 복잡하고 다양한 관계가 형성되어 있기 때문입니다. 그렇다면 어떻게 학생들과 관계를 맺어야 할까요?

○ 첫 만남은 어떻게?

먼저 관계에서 가장 큰 영향을 끼치는 첫 만남에 관해서 이야기해보고자 합니다. 교사들 사이에 "3월 한 달은 학생들 앞에서 웃으면 안 되고 학생들을 잡아야 1년이 편하다."는 말이 있습니다. 이 말은 우선 초반에는 무섭게 해서 학생들의 기를 잡아놔야 이후의 수업에서 교사가 편하게 수업할 수 있다는 의미입니다. 저는 이 말이 어떤 의미로는 맞고 한편으로는 잘못되었다고 생각합니다. 학생들이 새로운 반과 선생님의 학급경영에 적응하는 과정에서 교사가 엄격하게 학급 규칙을 알려줄 필요가 있는 것은 맞지만, 학기를 시작하고 새로운 관계를 맺는 단계에서 무표정으로 일관해서 단절시키는 것은 잘못되었다고 생각합니다. 왜냐하면 관계에서 가장 중요한 첫인상을 차갑게 만들 수 있기 때문입니다.

또한, 엄하게 학급 규칙을 적용하는 것과 강압적이고 무섭게 학생들을 대하는 것은 엄연히 다른 문제라고 생각합니다. 저는 초임 때에는 엄격한 지도와 강압적인 지도를 구분하지 못해서 학생들에게 상처를 준 기억이 있습니다. 3월에 학생들에게 엄하게 대하고 기 싸움에서 밀리면 안 된다고 해서 소리치고 혼내면서, 학생들을 두려움에 떨게 한 상태에서 공부하도록 했던 것입니다. 특히, 남학생들은 혼나도 상처를 받지 않는다고 생각하고 더 모질게 대했었습니다. 하지만 이러한 저의 태도는 결과적으로 학생들에게 분노의 씨만 심어주는 꼴이었습니다. 학생들과 깊이 상담해본 결과 남녀 성별에 상관없이 아이들의 감정은 여렸고, 저는 아이들의 마음에 많은 상처를 주었다는 것을 알았습니다. 교사들이 새 학기에 학생들을 맞이하면서 해야 할 일은 학생들이 평안하게 배우기 위한 규칙들을 함께 만들어 가는 일이지, 교사 자신의 감정과 화를 담아 강압적인 방법으로 학생을 두려움 속에 빠지게 하는 일이 아니었던 것입니다.

> 자발적인 협조를 이끌어내려면 아이들을 대하는 방식이 중요하다. 아이들을 존중하면 교사 역시 아이들로부터 존중받는다. 그렇다고 해서 모든 것을 허용하라는 뜻은 아니다. 다만 어른들과의 협상처럼, 안 된다고 말할 때는 분명한 이유를 대야 한다. 이때 무엇보다 아이들의 심리적 안정감을 훼손시켜서는 안 된다. 아이들에게 심리적 안정을 주는 가장 큰 원동력은 교사의 사랑이다. 그럼에도 불구하고 안타깝게도 많은 교사들이 냉담한 태도로 아이들의 심리적 안정감을 훼손시킨다.
>
> 스튜어트 다이아몬드, 『어떻게 원하는 것을 얻는가?』 중

○ 친구처럼?

'망년지교忘年之交'란 큰 나이 차도 잊고 서로 친구처럼 지내는 관계를 말합니다. 서양의 교사와 학생은 사진에서처럼 학생과 교사가 친구처럼 지내는 '망년지교'인 경우가 많았습니다. 그리고 상하 관계가 엄격했던 한국의 유교 사회에서도 이황과 기대승은 '26년'이라는 큰 나이 차이를 잊고 서로를 친구라 생각하며 교류했습니다. 이때 이황은 기대승에게 노우老友: 나이든 친구일 뿐 스승은 아니었습니다. 사실 친구

란 나이나 지위, 학력 등 어떤 조건이 동등해서 이루어지는 관계가 아니라, 삶에 대한 지향성과 이를 실천할 방법에 대한 생각이 비슷할 때 이루어지는 관계입니다[20]. 저는 이러한 의미에서 진정한 스승은 친구처럼 될 수 있어야 한다고 생각합니다. 진정한 스승이란 단지 가르치는 존재가 아니라, 서로를 따뜻하게 해 주고, 삶의 의미를 깨닫게 해 주고 키워주는 친구 같은 존재인 것입니다. 언젠가는 많은 교사와 학생이 자연스럽게 '망년지교'를 맺을 날을 기대해 봅니다.

친구 사이 같은 독일의 학생과 제자상, 출처: wikipedia

○ 호칭은 어떻게?

관계의 맺는 데 있어서 가장 중요한 것 중에 하나가 '호칭'입니다. 왜냐하면, 호칭으로 부르는 순간 사람과 사람의 관계가 구체적으로 정해지기 때문입니다. 그렇다면 교사는 학생을 부를 때 어떻게 해야 할까요? 저는 새로운 학년도에 6학년 담임으로 처음 들어갈 때마다 두려운 느낌이 컸습니다. 왜냐하면, 6학년은 초등학교 최고학년으로써 다 큰 것 같은 느낌이 들고, 학생들 또한 다 큰 어른으로 대우해 주기를 바라기 때문입니다. 저는 그 두려움을 감추기 위해서 옆 반 선생님을 따라 '아가'라는 호칭을 썼습니다. 왜냐하면 '아가'라고 부르는 순간만큼은 그 학생이 정말 아기처럼 귀엽게 보이는 것 같고 이 학생들이 '아직은 초등학생이구나!'라는 안도감을 주었기 때문입니다. '아가'라는 호칭이 저 나름대로 고학년을 상대하기 위해 고안한 두려움 대책법이었던 것 같습니다. 하지만 시간이 지남에 따라 몇몇 학생들은 '아가'라고 부르는 것이 싫다고 적극적으로 이야기해 와서, 이후에는 또 다른 선배 선생님의 수업을 참고하여 한동안 '어린이'라는 호칭을 써 보았습니다. 초등학교에 다니기 때문에 '어린이'라는 표현이 맞다고 생각했습니다.

그런데 학생들은 '아가'도 '어린이'라는 호칭도 좋아하지 않았습니다. 생각해 보면 외국에서는 수업 시간에 이름을 불러 주고, 예전 서당에서도 선생님이 학생의 이름을 '○○야'라고 불러 주었습니다. 학생들은 그저 '○○야'라고 이름을 자연스럽게 불리면서 선생님의 친구처럼 존중받기를 원하고 있었습니다. 아이들은 한 명 한 명 모두 어른들과 다르지 않은 독립된 인격체로 존중받길 원하는 것입니다.

나의 학생을 부르는 호칭의 변화 과정
아가 → 어린이 → ○○야

○ **수업 중 말은 어떻게?**

칼 비테는 "학생에게 일상생활이든 학업생활이든 지도할 할 때는 어른처럼 대하도록"하기를 추천했습니다. 호칭에서와 마찬가지로 학생들이 교사에게 원하는 것은 실제로 다른 어른을 대하는 것처럼 존중해서 대해 주는 것입니다. 그래서 저는 모든 수업 상황에서 존댓말을 쓰며 학생들에 대한 존중을 표시했습니다. 그런데 개별이나 모둠과 이야기할 때까지 존댓말을 쓰게 되니 빠른 상호작용을 하기 힘들고, 부자연스러운 느낌이 들었습니다. 그래서 저 같은 경우에는 전체와 이야기할 때는 존댓말을 쓰고, 개별이나 모둠과 이야기할 때는 친구 대하듯이 예사말을 쓰는 절충안을 쓰고 있습니다.

자연의 힘이여. 그대는 억센 힘으로 어린이를 진리로 이끈다. 그러나 그대의 힘에 의한 지도에는 딱딱함이 조금도 없다. 만일 자연의 교육 방법 중에 억압적이며 딱딱한 질서 따위가 존재한다면, 자연 역시 삐뚤어진 것을 만들어 놓았을 것이다. 따라서 그 진리는 인류의 본성을 모두 너그럽고 자유롭게 채워주지 못했을 것이다.

페스탈로치, 『숨은 이의 저녁노을』 중

진정한 기쁨은 대부분이 사람들과의 관계로부터 오는 것이며, 관계를 맺는다는 것의 진정한 의미는 무엇을 서로 공유하는 것으로 생각됩니다.

신영복, 『감옥으로부터의 사색』 중

서로를 따뜻하게 해 주는 관계, 깨닫게 해 주고 키워 주는 관계가 최고의 관계입니다. 친구가 될 수 없는 자는 스승이 될 수 없고 스승이 될 수 없는 자는 친구가 될 수 없습니다.

신영복, 『담론』 중

2부 학생과 교사 사이

2. 감정

학생이 좋은 감정으로 수업에 참여하도록 도와주는가?

감정emotion이란 충동을 자극하여 행동이 밖으로e: out 나오게motion move 만드는 것으로서 태도, 신뢰, 기억에 걸쳐 두루두루 영향을 미칩니다[33]. 인간이 감정을 바탕으로 이성적인 판단을 하듯이, 학생들도 배움이라는 이성적 활동을 할 때 감정이 중요하게 작용하는 것입니다. 그러므로 학생들은 감정이 잡혀 있지 않은 상태에서는 제대로 배울 수 없습니다.

존 로크는 『교육론』에서 "아이는 기분이 좋을 때 평소보다 세 배나 더 많이 배울 수 있지만, 기분이 언짢거나 억지로 끌려와 앉아 있는 경우 두 배가 넘는 시간과 노력을 들여야 한다."고 말합니다. 감정이 좋을 때와 안 좋을 때 수업의 효과는 어림잡아 6배가 차이가 나는 것입니다. 왜 이런 차이가 날까요? 정신과학자인 매튜Matthew D. Lieberman 박사는 우리 뇌에는 감정을 담당하는 편도체amygdala가 있는데 이 부분이 기억을 관장하는 해마와 가깝게 자리 잡고 있어서 영향을 주고 받는다고 합니다. 감정을 담당하는 편도체에서 분노와 두려움의 감정에 따른 호르몬을 계속해서 내보낸다면 새로운 내용을 배우거나 기억하는 것을 방해하는 것입니다. 한 나라도 평화가 유지되어야 문화를 꽃피우듯, 학생들의 배움 또한, 감정이 평안한 상태에서만 이루어질 수 있습니다. 다음의 표에서 감정이 육체에 어떤 영향을 미치는지 정리해 보았습니다.

감정에 의한 육체적 행동 변화[28]

기쁨	중뇌의 활동이 증가하여 몸을 편안하게 하여 몸의 활력을 증대시킨다
두려움	몸이 굳고 눈앞에 집중되고 큰 골격근으로 피가 몰려 재빨리 도망칠 준비를 한다
놀라움	눈을 치켜뜨고 많은 빛을 받아들여 더 많은 시각정보를 받아들인다
화	싸울 것인가 도망갈 것인지를 판단하여 손으로 피가 몰린다 주먹으로 상대를 강하게 칠 준비를 한다
슬픔	몸의 신진대사가 느려지고 상실감에 빠진다
경멸	더 이상 나쁜 냄새를 맡지 않기 위해 코를 찡그린다

○ 감정이 정신적 활동에 미치는 영향

• 동기 유발

감정은 학생이 무엇인가를 배우고 싶은지에 대해 결정하는 동기의 근원입니다[33]. 감정을 잘 사용하면 배우고 싶은 열망이 생기고 새로운 것을 더 빨리 배울 수 있도록 해 주는 것입니다. 공부는 이성적인 과정이지만 언제나 감정이 따라다니는 것입니다.

• 사고과정에 영향

앞에서 다룬 것처럼 인간은 이성과 감성이 서로 연관이 되지 않으면 배움이 제대로 일어나기 힘듭니다. 인간의 뇌는 새로운 정보가 들어오게 되면 그 정보에 대한 감정적인 만족감에 귀를 기울이도록 설계되어 있기 때문입니다. 즉, 새로운 정보가 들어오면 그 정보에 대해 감정을 느끼면서 중요하고 신뢰할 만한 것인지 판단합니다. 만약 안 좋은 경험이나 스트레스로 인해 좋지 않은 감정이 생기면 우리의 뇌는 최우선 목적인 생존에 관한 경고로 받아들입니다. 그리고 부정적인 감정을 수반한 정보를 그 어떤 정보보다 우선권을 두게 되므로 수업시간에 다루는 정보들은 들어오지 않는 것입니다. 이렇듯 감정은 사고력, 판단력 등에 모든 사고과정에 영향을 미칩니다.

• 기억 지속

인간은 실제 사실을 본다기 보다는 자신 만의 시선에 사로잡혀 보고 싶은 것을 보는 성향이 있습니다. 이는 우리가 감정을 통해 정보를 사실로 느끼고, 그 느낌대로 기억하기 때문입니다. 그러므로 기억하는 과정에서 감정의 자극을 많이 받을수록 기억 유지력이 높아지고, 감정을 느끼지 못한 상태에서 기억한 내용은 그 지속시간이 짧습니다. 즉, 감정은 정보를 더 잘 기억하도록 도와줍니다. 그리고 감정의 영향을 우리는 이미 잘 알고 있습니다. 학창시절에 수업에서 선생님이 해 주신 재미있는 이야기는 기억에 또렷이 남지만, 수업 내용은 기억에 잘 남지 않는 것도 바로 '감정'이 기억에 영향을 주기 때문이었습니다. 수업 내용에는 감정이 실리지 않아 기억나지 않지만 선생님의 이야기는 '재미있다'라는 감정이 들어가 있기 때문에 오래 기억에 남는 것입니다.

이처럼 감정은 기억 과정에서 중요한 문제이고, 교사들은 학생들이 좋은 감정으로 수업에 들어올 수 있도록 학생을 이해하고 포용해 줘야 합니다. 교사가 한명 한명 학생들의 감정을 돌봐주는 것이 최선이지만, 다수의 학생 모두를 한꺼번에 돌보는 데는 한계가 있습니다. 그러므로 학생 스스로 자신이 경험한 불편한 감정을 원상태로 돌려놓는 힘인 '감정조절 능력'을 키우도록 도와주면 좋습니다. 이 감정조절 능력은 어린 시절 부모로부터 감정의 돌봄을 받았던 애착에서부터 길러집니다[47]. 부모로부터 힘든 감정을 평안한 감정으로 바꾸는 경험을 여러 번 한 아이들은 감정을 조절하는 힘을 서서히 쌓아 나가는 것입니다. 부모로부터 이러한 조절능력을 배우지 못한 아이들은 교사가 학교에서 길러 주어야 합니다.

그렇다면 어떻게 감정조절능력이 길러질까요? 아이들은 너무 억압적인 태도로 대하면 감정을 수용 받지 못한 욕구가 남게 되어 분노가 생기고, 남의 처지를 이해하거나 공감할 줄 모르는 감정적으로 이기적인 사람이 됩니다. 반대로 너무 허용적인 태도로 감정을 받아줘도 참을성이 부족해지고 자기가 원하는 방식으로 채워 주지 않으면 스스로 감정을 감당해 내지 못하는 사람으로 자라나게 됩니다. 즉, 공감과 인내를 적절히 연습하면서 두려움, 화, 슬픔, 경멸과 같은 부정적인 감정을 긍정적인 감정으로 다시 되돌릴 수 있는 연습을 해야 합니다. 어찌보면 감정이 격해지고 분노가 표출되는 감정 위기 상황이 감정 조절 능력을 배울 수 있는 기회이고, 교사는 이를 어떻게 다루어야 하는지 도와줄 필요가 있습니다. 구체적으로는 이 책에서도 언급하고 있는 명

상이나 상담기법을 통해서 자기조절능력을 키울 수 있도록 안내해 줄
수 있을 것입니다.

감정은 이성과 대립물이 아닙니다.
감정과 이성은 수레의 두 바퀴입니다.
크기가 같아야 하는 두 개의 바퀴입니다

신영복, 『감옥으로부터의 사색』 중

아이들의 머리가 아닌 마음을 움직여야 교실 밖에서 배움을 삶과 연
결짓는 힘이 생긴다.

아이함께, 『내일 수업 어떻게 하지?』 중

반듯하고 규칙적인 글자를 흔들리는 종이 위에 쓸 수 없듯이, 두려움
에 벌벌 떨고 있는 아이의 마음속에 올바른 규칙이나 교훈을 심어주
기는 불가능하다.

존 로크, 『교육론』 중

처음 만난 전혀 모르는 사람의 마음을 파고드는 비결은 일단 가슴을
공략하는 데 있다. 일단 상대의 가슴에 들어가야 머리로 올라갈 수 있
다. 가슴과 머리를 이으면 영혼으로 가는 길이 생겨난다.

팀 페리스, 『타이탄의 도구들』 중

3. 경청

교사가 학생의 의견을 경청하는가?

> 학생 선생님 꼭 부탁드리고 싶은 것이 있는데요.
>
> 교사 응. 뭔데?
>
> 학생 잘못을 했으면 혼내셔도 되는 데요. 그 전에 "왜 그랬니?"라고 한 번만 물어봐 주세요.

제가 1년 차 초임교사일 때, 학생들에게 선생님이 고쳐야 할 것 한 가지씩만 적어보라고 했습니다. 물론 저는 최선을 다해 가르쳤기 때문에 자신 있게 없을 것이라고 생각했었습니다. 하지만 정말로 많은 학생들이 저에게 상처받았던 것들을 또 자기들의 불만을 저의 일거수일투족을 드러내며 적어냈었습니다. 나름대로 열심히 가르쳤다고 자부했던 제 자신에게 상처가 되기도 했지만, 미숙한 나를 만나 나보다 더 큰 상처를 받았을 학생들에게도 미안했습니다.

학생들이 했던 말 중에 제일 와닿았던 것은 혼내기 전에 "왜 그랬니?"라고 한 번만 물어봐 달라는 것이었습니다. 모든 사람의 행동에는 이유가 있듯이, 학생들도 각각 자신들만의 사정과 이유가 있었습니다. 그래서 이유도 들어보지 않고 무작정 화부터 냈던 것이 학생들에게는 상처로 남았던 것입니다. 학생들이 바랐던 것은 혼나지 않는 것이 아니라 이유를 한 번 들어 주어서 이 일이 일어나게 된 의도가 어땠는지 알아달라는 것이었습니다. 시간이 없다는 핑계로 그동안 학생들의 이야기를 경청해 주지 못했던 순간들이 미안한 감정으로 스쳐갔습니다.

 물론 반대로 학생들도 교사의 이야기를 잘 들어주어야 서로의 이야기를 경청하는 관계가 완성됩니다. 하지만 교실에서 상대적으로 더 큰 권위를 가진 교사의 입장에서 먼저 귀기울여 들어주는 자세가 필요합니다. 김백균 선생님은 『쉬운 수업 레시피』에서 수업과 연애의 비슷한 점으로 '경청'을 소개합니다. 수업도 연애와 마찬가지로 상대방을 존중하는 마음을 가지고 서로의 이야기를 들어주는 것에서부터 시작되어야 하는 관계 맺음인 것입니다. 사토 마나부 교수님은 『수업이 바뀌면 학교가 바뀐다』에서 교사는 귀로 들리는 소리로 경청하는 것에서 더 나아가 아이의 '내면의 말'까지 들어주는 것이 진정한 역할이라고 강조했습니다.

> 부모는 대화에서 부모 이야기를 하기보다는 아이의 이야기를 더 많이 들어주어야 한다. 비율은 부모 이야기 2, 아이 이야기 8 정도가 좋을 듯하다. 아이의 말뿐 아니라 표정, 행동을 통해 마음을 읽을 수 있어야 한다. 아이를 면밀하게 관찰하고 끝까지 들어주고, 부모 이야기는 간단히 들려주어야 한다.
>
> 이지성, 『내 아이를 위한 인문학 교육법』 중

4. 공감

교사가 학생의 말에 적극적으로 공감하고 반응해 주는가?

교사	ㅇㅇ야. 이 그림 장면은 무엇이라고 생각하니?
학생	그네에 앉아있는 과거의 '나'와 밝은 곳에 있는 현재의 '나'가 이야기하는 것 같아요.
교사	그래. 그 옆에 ㅇㅇ는 뭐라고 생각하니?

위 수업 대화는 실제 제 국어 수업 장면의 일부입니다. 얼핏 보기에는 이상이 없어 보이는 이런 식의 대화가 한 학기 내내 지속되면 학생들의 학기말 설문에서 반드시 나오는 의견이 있습니다.

"선생님은 내 말을 무시한다."

위의 대화에서 무엇이 문제인 것일까요? 바로 학생의 이야기를 경청하기는 했지만, 그에 대한 반응과 공감이 빠져 있다는 점입니다. 학생들은 말뿐만 아니라 교사의 비언어적, 반언어적 표현을 통해 교사가 자신의 말을 듣고 공감하고 있는지 아닌지를 바로 압니다. '눈 맞춤'만 보고도 자신의 말에 진심으로 귀 기울이며 반응을 보이는지 아는 것입니다. 교사로서는 일상적인 수업 대화의 일부일지 모르지만 학생으로서는 모두가 지켜보는 어려운 상황에서 용기내어 자기 나름의 생각을 이야기하고 있는 것입니다. 그러므로 자기 의견에 대한 교사의 공감이 없다면 학생들은 조금씩 마음의 문을 닫게 됩니다.

출처: pixabay

그렇다면 어떻게 공감하고 반응해 주어야 할까요? 상담 심리치료인 '이마고IMAGO 대화법'에서는 '거울 반영하기'라는 공감 기법이 있습니다. 상대가 말한 대로 그대로 반영해 주는 것만으로도 말하는 사람에게 공감받고 있다는 느낌을 줄 수 있는 것입니다. 또한, 김현섭의『질문이 살아있는 수업』에서는 적극적인 듣기인 공감적 경청 방법으로 상대방의 말 속에 담긴 숨은 감정이나 의도를 읽고 이에 공감하는 듣기 단계를 소개합니다. 그 과정은 아래의

사실 인정하기 ⇨ 상대의 마음 알아주기 ⇨ 내 마음 전하기

의 3단계로 진행됩니다. 이 두 가지 방법을 접목시켜 앞에서 나눈 대화 상황에 적용한다면 다음 쪽(→)의 표처럼 학생의 마음을 읽어줄 수 있을 겁니다.

거울 반영하기+사실 인정	그래? 너는 과거와 현재의 '나'가 대화한다는 생각이 들었구나
상대의 마음 알아주기	OO는 독특한 생각이 떠올라 이야기하고 싶었구나
내 마음 전하기	선생님도 그런 독특한 생각은 떠올리지 못했네

2부 학생과 교사 사이

5. 자존감

교사가 학생의 자존감을 지켜주기 위해서 노력하는가?

교사　○○야, 속상했니? 선생님도 화내서 미안해.

　　　너의 그런 행동에 선생님도 많이 당황했었어.

　　　미안하다. 용서해 줄 수 있겠니?

학생　네. 그런데 다음부터는 다른 친구들이 보는 앞에서 혼내지 않
　　　으셨으면 좋겠어요. 잘못한 것은 알겠는데, 정말 부끄럽기도
　　　하고 더 화가 나요.

우리가 꿈꾸는 교육, 출처: pxhere

실제 교실, 출처: pixabay

　저는 처음 교사로 발령 나면서 학생들을 가르치는 장면이 왼쪽 사진
과 같이 아름답기만 할 것으로 생각했습니다. 여유가 넘치고 화낼 일
이 없는 사랑 넘치는, 그런 배움의 교실을 상상했었습니다. 하지만 정
작 현장에 직면한 교실은 사랑이 넘치는 장소가 아니었습니다. 오히려
오른쪽 사진처럼 교사와 학생, 학생과 학생이 서로를 물어뜯으며 자신

들의 뜻대로만 하려는 정글에 가까웠습니다. 이런 상황에서 저도 살아남기 위해 '생활지도'를 한다는 명목으로 학생들의 자존감은 뒷전에 두고 벌주고 혼내는 데에만 혈안이었습니다. 자존감이 없고 미숙한 교사가 아이들에게 강압적이기 마련인 것입니다.

　자존감이란 어떤 일을 잘할 수 있는 능력이 아니라, '내가 이것밖에 못 해도 나는 참 괜찮은 사람이야.'라고 여기는 만족감이고, 있는 그대로의 자신을 가치 있고 소중한 존재라고 생각하는 것입니다. 수업 상황에서 학생들의 자존감을 가장 손상시키는 행동은 '다른 학생들 앞에서 학생의 잘못을 꾸짖는 것'입니다. 저는 예전에 학생 한 명을 본보기로 혼내면 전시효과가 일어나 다른 학생들에게 '저렇게 하면 혼나는구나'라는 생각을 들게 만들어 학급 전체 운영에 긍정적인 영향을 준다고 생각했습니다. 실제로 제가 학창시절에 그렇게 교육 받아왔고요. 하지만 이렇게 여러 사람 앞에서 혼내는 것은 혼나는 학생의 마음을 무너뜨려 교사와의 관계를 되돌리기 매우 힘들게 만듭니다. 그리고 이렇게 혼나는 상황이 누적되면 처음에는 듣는 척을 하다가도 나중에는 관계의 끈을 아예 놓아버립니다. 그리고 오히려 안 좋은 행동으로 교사와 학생들의 관심을 끌기 위해 노력하게 되는 부작용을 낳기도 합니다. 학생들의 자존감을 지켜주면서 관계가 끊어지는 상황을 막을 수 있는 몇 가지 방법들을 다음과 같이 제안하고자 합니다.

○ 혼낼 때는 되도록 둘만 있는 장소에서 혼내라

학생들은 다른 사람의 시선이나 평가에 매우 민감합니다. 특히 사춘기 학생들은 자기가 호감을 느끼는 학생들이 반에 한두 명 있는 경우가 많습니다. 그런데 좋아하는 학생 앞에서 혼나는 모습을 보이게 된다면 더 큰 수치심을 느끼고, 더 이상 교사와의 관계를 이어가기를 거부하는 지경에 이르게 될 수도 있습니다. 실제로 저희 반 한 여학생이 다른 여학생들과 문제가 있어서 상담해야 할 일이 있었는데, 그 여학생이 우리 반에 좋아하는 학생이 있었기 때문에 제발 다른 곳에서 이야기해 달라고 부탁했습니다. 그래서 남학생들이 없는 다른 교실에서 따로 가서 이야기를 하고, 부드럽게 문제를 잘 해결했던 경험이 있습니다. 이처럼 학생의 행동에 대해 잘못을 이야기해야 할 때는 되도록 다른 학생들의 시선이 없는 곳에서 이야기하거나, 둘만 들릴 정도의 목소리로 이야기하는 것이 더 효과적입니다.

○ 침착하고 부드럽게 꾸짖어라

교사 생활을 어느 정도 오랫동안 하다보면 화를 내서 아이를 바꾸기란 쉽지 않다는 것을 알게 되어 훈육을 할 때 큰 소리로 혼내는 경우는 거의 없습니다. 그렇다고 해서 화가 나는 상황이 전혀 없는 것은 아닙니다. 단지 화가 날 때 분노로 표출하기보다는 되도록 침착하고 부드러운 말투로 이야기하는 것입니다. 교사는 한 사람의 리더로서 한 반을 이끌어야 할 책임이 있습니다.

좋은 리더는 명령하기보다는 방향을 알려주고, 단순히 알려주는 것을 넘어서 궁극적으로는 구성원을 일깨워 줘야 합니다. 다시 말해 좋은 리더는 강압적으로 압박하게 되면 관계만 틀어질 뿐이라는 사실을 알고 있기 때문에 구성원이 스스로를 일깨울 수 있도록 큰 그림과 함께 구체적인 상황을 설명해 주는 '따뜻한 통제'를 하는 것입니다.

그렇다면 어떻게 침착하고 부드럽게 '따뜻한 통제'를 할 수 있을까요? 고영성 작가는 『부모 공부』에서 '상황-기분-요청'의 방법을 쓰면 아이가 상처받지 않고 스스로 해결할 수 있는 능력을 기를 수 있다고 조언합니다. 아래와 같이 '상황-기분-요청' 과정을 침착하게 이야기하면서 꾸짖는다면 서로의 관계는 틀어지지 않을 것입니다. 이렇게 따뜻한 통제를 할 때만이 학생들도 잘못한 행동을 자기들의 입장에 서서 자신들을 위해 이야기해 준다는 것을 느낄 수 있고, 교사의 말에 공감하고 자기의 잘못을 인정합니다.

'상황-기분-요청' 방법의 대화 사례

상황	네가 오늘 또 지각했구나. 그것 때문에 친구들과 선생님은 수업에 방해를 받았단다.
기분	그리고 선생님은 네가 늦어서 걱정했단다. 오다가 교통사고라도 난 것은 아닌지 말이야.
요청	앞으로는 늦지 말고 오도록 하고, 아프거나 어쩔 수 없이 늦을 때는 늦는다고 문자 한 통 하고 왔으면 좋겠다.

○ 감정코칭을 하라

자존감을 지켜주며 대화하는 좋은 방법 중 하나가 '감정코칭'입니다. 감정코칭의 핵심은 '감정은 먼저 다 받아주되, 행동은 분명한 한계를 정해주는 것'입니다. 감정은 자기가 처한 상황에서 본성적으로 나오는 것이기 때문에 세상에는 나쁜 감정이란 없습니다. 다만 생겨난 감정을 잘못된 방식으로 표출하는 나쁜 행동이 있을 따름입니다. 그러므로 학생의 감정은 충분히 공감해 주어야 하지만 행동은 스스로 적절히 통제할 수 있도록 도와주어야 합니다. 예를 들어, 교실에서 우연히 자신에게 우유를 쏟은 친구에게 화를 내고 폭력을 쓰려 하는 친구에게 다음과 같이 이야기하며 감정코칭 할 수 있습니다.

교사 너는 왜 화났니?

학생 가만히 앉아있는데, 얘가 우유를 쏟았어요.

교사 그래. 너는 가만히 있는데 친구가 우유를 쏟아서 많이 당황하고 화가 났겠다^{감정 받아주기}.

학생 네.

교사 그런데 일부러 쏟은 것은 아닌 것 같은데, 거기에 대고 폭력을 쓸 일은 아닌 것 같아^{행동의 한계 긋기}. 만약 폭력을 쓰게 되면 둘 다 다치게 될까 봐 걱정된다.

처음부터 외면적 질서와 규칙, 또는 법규나 규약을 주입하면, 아이들의 마음은 절대로 고상하게 되지 않습니다. 이럴 경우, 그들은 나에게서 떨어져 갑니다. 그뿐입니까? 그 거친 힘으로 그들은 직접 나의 목적에 대항할 것이 뻔한 일입니다. 그래서 나는 우선 그들의 마음 자체와 착하고 부드러운 정서를 그들 안에 일깨워서 다시 살려 내려 했습니다.

페스탈로치,『숨은 이의 저녁노을』중

백성들을 정치로만 인도하고 형벌로 다스리면, 백성들은 형벌을 면하고도 부끄러워함이 없다. 그러나 덕으로 인도하고 예로써 다스리면, 백성들은 부끄러워할 줄도 알고 또한, 잘못을 바로잡게 된다.

『논어』중

6. 칭찬

되도록 설명하는 칭찬을 하는가?

칭찬, 출처: pxhere

학급을 운영하다 보면 반에서 한두 명은 꼭 교사와 상성이 맞지 않는 경우가 있습니다. 그 학생은 교사와의 관계가 틀어지게 되는 여러 사건이 쌓여서, '나는 나쁜 아이야.'라는 낙인을 스스로 찍게 됩니다. 그리고 결과적으로 교사와의 관계를 포기하는 단계까지 이르게 됩니다. 그런데 상담심리학자들의 말에 의하면 이렇게 부정적인 관계가 되어 버린 것을 회복하기 위해서는 3배 정도 긍정적인 격려를 해 주어야 한다고 합니다. 그동안 주었던 부정적 피드백의 3배에 달하는 긍정적인 칭찬을 말과 신체 행위로 보여주어야 이전의 관계를 회복할 수 있다는 것입니다. 관계가 악화하는 것을 예방하기 위해서라도 교사는 칭찬하는 습관을 지니고 있어야 하겠습니다.

그렇다면 칭찬이란 무엇일까요? 칭찬이란 잘한 행동과 좋은 특성을 찾아내고 드러내어 높여주는 것을 말합니다[12]. 그런데 사실 잘했을 때만 칭찬이 필요한 것이 아니라 실패했을 때 더 칭찬이 필요합니다. 교사가 학생이 실패한 가운데에서도 최대한 잘한 행동을 찾아내고 문제점을 개선하여 실패감에서 빨리 벗어날 수 있도록 도와줘야만 실패를

딛고 더 성장할 수 있기 때문입니다[45]. 학생들은 칭찬으로 자신감을 갖게 되고 스스로를 믿어 갑니다. 그러므로 교사는 칭찬을 통해 학생들에게 격려와 자신감을 심어줄 필요가 있습니다.

칭찬 = 칭찬하는 말 + 칭찬하는 말을 듣고 학생이 내리는 결론

칭찬은 '칭찬하는 말'과 '칭찬하는 말을 듣고 학생이 내리는 결론'이라는 두 요소로 이루어져 있습니다[31]. '칭찬하는 말을 듣고 학생이 내리는 결론'이 칭찬의 요소로 들어가는 이유는 칭찬의 진정한 의미는 칭찬하는 말을 듣고 당사자가 스스로 받아들이는 데 의미가 있기 때문입니다. 예를 들면, 한 교사가 어떤 행동에 대해 긍정적인 감정을 담아 칭찬했을 때, 이야기를 들은 학생이 그 칭찬을 진정으로 받아들일 때만이 제대로 칭찬이 되었다고 볼 수 있습니다.

그렇다면 어떻게 칭찬하는 것이 좋을까요? 칭찬의 종류를 알아보면서 구체적으로 어떻게 칭찬해야 하는지 알아보겠습니다.

칭찬에는 인격에 대해 '평가하는 칭찬'과 '설명하는 칭찬', 두 가지 종류의 칭찬이 있습니다. 그리고 칭찬할 때는 되도록 평가하는 칭찬은 지양해야 합니다. 다시 말해, 인격이나 성격을 평가하지 말고 사건을 이야기하고 사건에서 받은 느낌을 말로 설명해야 하는 것입니다. 왜냐하면, 설명하는 칭찬이 자신의 능력은 고정되어 있다고 여기는 '고정형 사고방식'에서 '노력으로 능력을 향상하고 바꿀 수 있다.'는 '성장형 사고방식'으로 바꾸도록 도와주기 때문입니다. 구체적으로 과정이나 태도를 칭찬받은 아이들은 성장형 사고방식을 가지게 될 가능성이 높으며 결과, 재능, 존재 자체에 칭찬을 들은 아이들은 고정형 사고방식을 가질 확률이 높습니다. 선천적으로 가지고 있는 재능을 바꿀 수는 없지만, 같은 재능을 가졌을 경우 고정형 사고방식보다 성장형 사고방식의 아이 능력이 더 성장할 가능성이 훨씬 큽니다. 왜냐하면 설명하는 칭찬을 통해 성장형 사고방식을 가진 아이는 결과보다 과정에 초점을 맞추기 때문에 실패를 두려워하기보다 실제로 부딪히면서 시행착오를 통해 새로움을 터득해 나가는 반면[17], '평가하는 칭찬'을 통해 재능이나 결과를 칭찬 받은 아이는 그 칭찬을 증명해야 한다는 부담감 때문에 모험이나 도전을 회피하기 때문입니다. 교사는 수행한 일을 사실적으로 묘사하는 설명하는 칭찬을 통해 성장형 사고방식의 향상을 도와줄 수 있는 것입니다.

"지갑을 찾아줘서 고마워. 정말 감사하게 생각하고 있어."

구체적인 예로 위와 같이 설명하는 칭찬을 듣게 되면 학생은 인격적으로 평가받지 않아도 자신의 정직함이 인정받은 것에 대해 '인격적으로 좋은 사람'이라는 결론에 스스로 도달하게 되는 것입니다. 이러한 정의를 바탕으로 하임 G. 기너트의 『부모와 십대 사이』에서 이야기하는 '평가하는 칭찬'과 '설명하는 칭찬'의 예시와 이러한 칭찬을 통해 학생들이 얻게 되는 결론에 대해 다음의 표와 같이 정리해 보았습니다.

평가하는 칭찬	설명하는 칭찬	설명하는 칭찬을 들은 학생의 결론
넌 언제나 그렇게 정직하더라	지갑을 찾아줘서 고마워 정말 감사하게 생각하고 있어	내 정직함이 인정받았어 내가 그런 일을 했다고 생각하니 기분이 좋은데
넌 훌륭한 작가야 물론 맞춤법은 좀 문제지만	네가 쓴 수필이 마음에 들어 거기서 몇 가지 아이디어를 얻었어	내 생각도 독창적일 수 있나 봐
너 노래 잘하는구나 위대한 가수가 되겠어	네 노래를 들으니까 마음 이 힐링이 되었어 고마워	나도 도움이 될 수 있어 날 고맙게 생각할 수 있어

• 인디언식 칭찬

한 인디언 부족에서는 잘못한 인디언을 벌하는 특별한 방식이 있습니다. 그가 한 잘못을 나무라고 꾸짖기보다는 일주일 동안 마을 한가운데 기둥에 묶어두고 온 마을 사람들이 지나가면서 그동안 그 인디언이 잘했던 칭찬에 관해서 한마디씩 이야기합니다. 일주일이 지난 뒤에 그 인디언은 아무런 벌도 받지 않고 풀려나게 되고 온 마을은 축제를 지내게 됩니다.

저는 이 인디언식 칭찬을 학기 중에 학생들 간의 다툼이 쌓이거나 관계에 문제가 커졌을 때 한 번씩 합니다. 학생들을 한명 씩 앞에 세워두고 다른 모든 학생들이 한 가지씩 칭찬해 줍니다. 그리고 마지막에는 같은 성별의 친구들끼리 안아주는 것입니다. 이 활동을 통해서 학생들은 다른 친구들에게 칭찬 세례를 받음으로써 다시 관계가 회복되고 자존감이 높아지는 효과를 얻을 수 있었습니다.

아이가 착한 일을 했을 때는 쓰다듬거나 껴안아 주면서 칭찬해 주고 그의 나이에 어울리는 여러 가지 방법으로 그를 자상하게 대해줌으로써 당신이 자기를 사랑으로 보살펴 주고 있음을 아이가 느끼도록 해야 한다.

존 로크, 『교육론』 중

마음으로 상대방의 장점을 인정하고 아낌없이 칭찬을 해주어야 한다. 그렇게 하면 상대방은 당신의 말을 일생 마음에 품고서 당신이 까마득히 잊어버린 훨씬 후에도 되풀이해보며 마음을 위로하는 보물로 삼을 것이다.

데일 카네기, 『인간관계론』 중

교사와 다르거나 엉뚱하고 틀린 대답도 허용해 주는가?

그리스 신화에 프로크루스테스의 침대에 관한 이야기가 나옵니다. 프로크루스테스는 손님이 자신의 숙소에서 묵게 되면 안방의 철 침대에 눕게 합니다. 그리고 손님의 키가 철 침대보다 크면 잘라버리고, 작으면 잡아 늘여서 침대의 키와 똑같이 만듭니다.

저는 이 프로크루스테스의 침대 이야기를 들으며 지금의 교실에서 이루어지는 교사의 일방적인 교육을 떠올려보았습니다. 교사의 생각에서 한 치의 오차도 허용되지 않는 우리 교실의 모습이 프로크루스테스의 침대와 많이 닮았다는 느낌이 들었던 것입니다. 정답이 아닌 학생들의 생각이 의미를 부여받지 못하고 버려지는 프로크루스테스의 교실에서는 배움이 일어나기 힘듭니다. 그리고 교사의 생각만 정답으로 강요하는 상황에서는 정답을 맞춘 집단과 못 맞춘 집단이 서로 나뉘고 대립하게 되며, 창의적인 아이디어가 나오지 않습니다. 워릭대학

프로크루스테스의 침대, 출처: wikipedia

교의 켄 로빈슨 교수는 자신의 TED ^{Technology, Entertainment, Design, 미국의 비} ^{영리 재단에서 운영하는 강연회} 강연 '학교가 창의력을 죽인다'에서 "실수하는 것이 창의력을 발휘하는 것과 같은 말은 아닙니다. 하지만 한 가지 확실한 것은 잘못하거나 실수해도 괜찮다는 마음이 없다면, 신선하고 독창적인 것을 만들어 낼 수 없습니다."라고 말합니다. 즉, 다양한 정답이 인정되지 않는 비허용적인 분위기에서는 창의적인 생각이 나올 수 없는 것입니다.

저도 초임 때에는 무조건 한 가지의 정답, 곧, 저와 비슷한 생각만 인정하려고 했습니다. 돌이켜 보면 잘 모르는 저와 다른 생각과 마주해야 한다는 것이 두려움으로 다가왔던 것 같습니다. 다른 생각을 인정하는 순간 내가 틀린 것 같은 느낌을 지울 수 없었던 것입니다. 하지만 시간이 지남에 따라 삶의 방식에도 정답이 여러 가지일 수 있고 각각의 정답에 가는 방법도 다양할 수 있듯이, 교실에서도 다양한 정답과 방법이 있을 수 있다는 사실을 알게 되었습니다. 그리고 프로크루스테스처럼 학생들의 생각들을 가두고 잘라내는 것이 얼마나 폭력적인 일인지, 또한 결국은 가둬두려고 해도 가둘 수 없다는 사실도 깨달았습니다.

교사는 학생들의 다양한 생각과 질문이 자유롭게 오가고, 서로의 다름을 인정할 줄 아는 수업 분위기에서 성장하도록 도와줄 필요가 있습니다. 다음의 예시는 학생들의 생각을 제게 억지로 맞추려 한 것이 얼마나 어리석었는지를 깨닫게 해 준 수업 중 하나였습니다.

160

학생들과 함께 '분수의 덧셈'을 배우기 위해 '빵 9개를 10명이 나누어 먹는다면 어떻게 될까?'라는 주제로 수업을 했습니다. 제가 의도한 방법은 '방법 1'로서 분수를 더해가는 방법이었습니다. 하지만 학생들은 제 의도와 다르게 모든 빵을 10등분 하여 $\dfrac{9}{10}$를 만들거나^{방법 2} $\dfrac{1}{10}$ 을 빼 $\dfrac{9}{10}$를 만들었습니다^{방법 3}. 처음에는 수업 의도와 다른 학생들의 반응에 당황했지만, 학생들의 다양한 생각들을 인정하고 이끌어 낼 수 있었던 즐거운 수업이었습니다.

방법 1

$$\frac{1}{2}+\frac{1}{4}+\frac{1}{8}+\frac{1}{40}$$

$$=\frac{20+10+5+1}{40}$$

$$=\frac{36}{40}$$

$$=\frac{9}{10}$$

방법 2

$$\frac{1}{10} \times 9 = \frac{9}{10}$$

$$1 - \frac{1}{10} = \frac{9}{10}$$

그렇다면 정답이 아닌 의견도 존중해 주며, 학생들의 다양성을 허용해 주기 위해서 어떻게 해야 할까요? 아래와 같은 다양성을 허용하기 위한 2가지 원칙과 다양한 의견을 이끌어 내는 방법 3가지를 제안해 봅니다.

다양성 허용을 위한 2가지 원칙

○ 정답이 아니어도 허용해 주는 분위기 만들기

수업에서 학생들이 하는 생각에는 '틀린 생각'이란 없으며, 학생들의 그 어떤 생각도 쓰레기처럼 버림 받아서는 안 됩니다. 오히려 이런 생각들은 다이아몬드 원석처럼 학생들의 배움에서 없어서는 안 되는 사고의 원석으로 취급받아야 합니다. 왜냐하면 정답과 다른 의견을 말한 학생은 수업에서 친구들과 논의하면서 자신의 오류를 발견하고 해결하면서 배울 수 있고, 다른 친구들은 한 번 더 그 문제에 대해 되짚어 생각하면서 더 구체적이고 정확하게 알게 되기 때문입니다. 이렇게 중요한 수업의 원석을 발견하기 위해서 교사가 어떠한 대답이라도 허용해주고 지지해주는 분위기를 만들어 주어야 합니다. 어떠한 생각이든 비웃음당하지 않고 존중되고 받아들여지는 허용적이며 지지적인 분위기 속에서 열린 마음으로 열린 사고를 할 수 있는 것입니다.

만약 정답이 아니고 교사의 생각과 다르다고 해서 학생들의 의견이 무시된다면 어떻게 될까요? 학생들은 자기의 의견이 틀린 생각이라 공언되고 비웃음을 당하면 상처를 받고 급기야 마음을 닫고 생각을 닫아 버립니다. 학생의 다양한 생각에 대한 교사의 부정적인 피드백이 수업의 원석을 다시 땅 속 깊숙히 묻을 뿐만 아니라 창의적인 사고까지 틀어막아 버리는 것입니다. 다양한 사고를 해야만 살아남을 수 있는 미래사회에서 살아갈 학생들을 위해, 교사는 정답 찾기가 아닌 다양하고 독창적인 사고를 하도록 독려해야 합니다. 그래야만 학생들은 허용적인 분위기에서 서로의 불완전한 생각을 존중하고 이해할 수 있는 능력을 기를 수 있습니다. 지금이라도 다음과 같은 말을 통해 더 부드럽고 허용적인 분위기를 가진 수업을 만들어 보는 것이 어떨까요?

- "틀려도 되니까. 아는 만큼만 이야기해 줄래?"
- "자기 생각을 이야기해줘서 고마워. 부족한 부분은 선생님이 도와줄게요."
- "다르게 생각한다고 틀린 것이 아니에요. 언제든지 다른 의견을 알려줄래요?"

교사의 생각과 닮지 않은 생각이 허용되지 않을 때는 재미 없고 쓸모 없는 수업이지만, 어떤 생각이라도 할 수 있도록 허용된다면 그런 학습은 즐겁습니다.

무코야마 요이치 , 『아이들이 열중하는 수업에는 법칙이 있다』중

모든 분야를 막론하고 전반적으로 모순되는 생각을 매우 편안하게 받아들일 수 있는 능력이 중요하다. – 조지 손더스 George Saunders

고영성 신영준, 『일취월장』중

○ 발언 기회 평등하게 주기

2012년 포브스와 MIT 미디어랩의 공동 연구 결과, 집단 성과에서 가장 중요한 요인은 바로 '개인의 발언권을 인정해 주는 문화'인 것으로 나타났습니다. 한 집단이 성공하기 위해서는 각각의 개인이 아무리 터무니없는 아이디어라도 자유롭게 발언할 기회를 주어야 합니다. 발언 기회가 자유롭게 주어지게 되면, 아이디어가 많아지고 다양해지며 좋은 성과를 내기 위한 상호작용도 늘어납니다[36]. 수업도 이와 마찬가지로 모든 학생의 자유로운 발언 기회를 주어서 배움에 참여하고, 모두가 성장하는 것을 목표로 해야 합니다. 교사는 학생 모두의 성취를 위해서 모두가 발표할 수 있는 분위기 속에서 수업에 참여할 수 있도록 도와주어야 합니다. 하지만 교실에서는 '발문 → 거수 → 지명 → 발표'로만 대부분의 수업이 진행됩니다. 이런 방식이 잘못된 것은 아닙니다

만, 이 방식으로만 수업을 진행하게 되면 손을 들지 못한 교사의 도움이 진정 필요한 아이들을 볼 수 없게 됩니다. 발표에도 자주 발표하는 아이만 더 잘하게 되는 양극화 현상이 생겨 배움에 차별이 생기는 것입니다. 이 악순환을 멈추려면 교사가 시간이 걸리더라도 모두에게 발언할 기회를 공정하게 주어 발표에 성공하는 경험을 하도록 해야 합니다[8]. 모두가 발언할 기회와 시간을 주는 것은 시간 낭비가 아니라 수업을 위한 상호작용의 발판입니다.

> 아이들에게 있어서 거의 모든 즐거움의 원천은 변화와 다양성에 있다. 끝없이 떠돌아다니는 생각들을 어느 한 가지에 고정하는 것 자체가 유년기의 자연적 상태와는 모순되는 것이다.
>
> 존 로크, 『교육론』 중
>
> 군자는 다양성을 인정하고 지배하려고 하지 않으며, 소인은 지배하려고 하며 공존하지 못한다.
>
> 『논어』 중

그렇다면 어떻게 시간 안에 모두를 발표시키면서 수업에 참여시킬 수 있을까요? 학생들은 자신들의 의견이 반영될 때 주인의식이 생기고 수업에 적극적으로 참여하게 됩니다. 학생들이 다양한 의견을 반영하고 참여를 이끌어 내는 구체적인 방법으로 '소거법', '파상형 전원 동시 발표', '모둠 의견 발표'의 세 가지를 제안하고 싶습니다.

○ 소거법

'소거법'이란 모든 학생의 의견을 들어보고 비교 검토하여 의견을 모으는 전략을 말합니다. 학생들의 의견을 모으는 과정에서 타당한 근거를 가진 생각으로 통합하거나 다수의 지지를 받지 못한 의견은 '소거'해 나가는 학습 전략입니다. 한형식 선생님은 『모두가 참여하는 수업에는 법칙이 있다』에서 다음과 같은 예시로 소거법을 소개합니다.

수업 상황

"여우가 굶어서 포도밭 구멍으로 들어갔다가 포도를 배불리 먹고 뚱뚱해져서 못 나왔다. 다시 굶어서 날씬해 져서 구멍을 빠져나오는 여우는 무슨 말을 했을까?"라는 문제를 내고, 학생들은 자기 생각을 카드에 정리한 뒤 칠판에 붙입니다. 모든 학생의 생각 11가지를 '배고프다', '후회한다', '반성한다', '화난다', '포도가 먹고 싶다'의 5개의 답변으로 통합합니다. 그리고 다수의 반대를 받은 '포도가 먹고 싶다', '배고프다'는 소거합니다. '후회한다'와 '반성한다' 두 가지 의견을 지지하는 집단으로 나누어 토론한 뒤 수업을 정리합니다.

소거법 수업 상황 예시

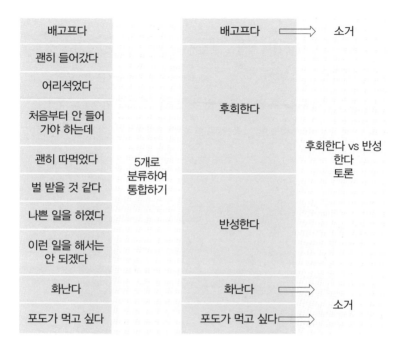

저는 독서 토론 주제를 정할 때 주로 이 소거법을 사용합니다. 모든 학생들에게 토론 주제를 생각해 보도록 한 뒤 나온 생각들을 분류해서 모읍니다. 그리고 투표를 통해서 하고 싶은 주제를 3개 정도 고릅니다. 거기에서 찬반이 어느 정도 균등하게 나뉘는 주제를 선정하여 최종 토론 주제를 고르는 것입니다. 다음에 나오는 예시는 소거법을 이용한 독서 토론 주제 선정 장면입니다.

소거법으로 모든 학생의 의견을 모으기 위해서 가로 20cm x 세로 15cm 로 마그네틱 자석 칠판^{마그피아 제품}을 잘라 수업도구를 만들어 보았습니다. 여기에 보드펜으로 자기 의견을 쓰고 칠판에 붙여 학생들의 의견을 모아 보았습니다. 비슷한 제품으로 한국협동 학습 연구회에서 만든 '허니컴 보드'가 있으니 참고하시면 좋을 것 같습니다.

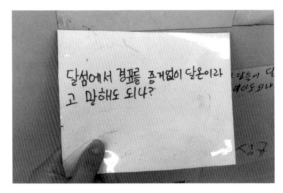

마그네틱 학습 도구 가로 20cm x 세로 15cm

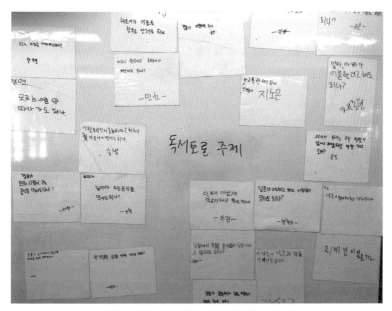

독서 토론 주제에 관한 모두의 의견을 모으기

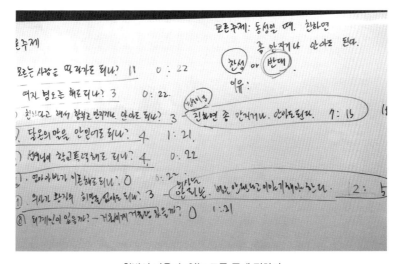

찬반이 나올 수 있는 토론 주제 정하기

○ 파상형 전원 동시 발표

한형식 선생님은『모두가 참여하는 수업에는 법칙이 있다』에서 모든 학생들의 다양한 생각을 수업에 반영하는 또 다른 방법으로 '파상형 전원 동시 발표'를 소개합니다. '파상波狀'이란 '파도의 모양'이라는 뜻으로 같은 모둠의 학생들이 파도처럼 연속해서 나오는 모양을 비유한 것입니다. 구체적인 순서는 다음과 같습니다.

① 파상형 발표 1단계

4명으로 구성된 모둠에서 각각의 1번 학생이 먼저 칠판에 자기 생각을 제시한 뒤, 그 이유를 발표합니다. 이때 마지막에 나오는 4번 학생의 의견이 그 모둠의 최종 의견이라는 것을 알려 주면서, 먼저 나온 사람들은 틀려도 괜찮은 허용적인 분위기를 만드는 것이 중요합니다. 그리고 이유를 발표할 순서를 정해 줄 때, 교사는 되도록 정답이 아닌 생각을 적은 친구들의 의견을 먼저 들어보는 것이 더 좋습니다.

	1모둠	2모둠	3모둠	4모둠	5모둠	6모둠
1번 학생	A	B	A	C	D	E
2번 학생						
3번 학생						
4번 학생						

　모든 1번 학생들의 발표를 듣고 모둠에서 논의한 뒤 2번 학생들이 나와서 자기 생각을 적습니다. 적기 전까지 언제든 자기 의견을 수정할 수 있습니다.

	1모둠	2모둠	3모둠	4모둠	5모둠	6모둠
1번 학생	A	B	A	C	D	E
2번 학생	B	A	D	A	C	B
3번 학생						
4번 학생						

③ 파상형 발표 3단계

　각 모둠의 3번 학생들도 추가로 자기 모둠의 생각을 보강하면서 표를 완성해 나갑니다.

	1모둠	2모둠	3모둠	4모둠	5모둠	6모둠
1번 학생	A	B	A	C	D	E
2번 학생	B	A	D	A	C	B
3번 학생	A	B	A	A	A	D
4번 학생						

각 모둠의 4번 학생들이 나와서 각 모둠의 최종 의견을 제시합니다. 이때쯤 되면 대체적으로 표와 같이 한 두 개의 의견^{A 또는 B}으로 수렴하는 경우가 많습니다.

	1모둠	2모둠	3모둠	4모둠	5모둠	6모둠
1번 학생	A	B	A	C	D	E
2번 학생	B	A	D	A	C	B
3번 학생	A	B	A	A	A	D
4번 학생	A	A	B	A	B	A

파상형 전원 발표 수업 장면 예시

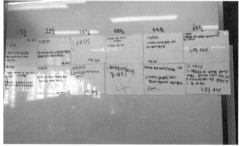
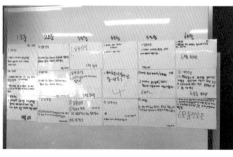

이 방법의 장점은 1번 친구들의 발표를 모두 듣고 모둠에서 논의한 뒤 다음 학생이 답을 붙이기 때문에, 논의 과정 중에 스스로 깨달을 기회를 제공한다는 점입니다. 그리고 1번 학생이 틀려도 뒤에 번호 학생들이 만회할 수 있기 때문에, 부담 없이 발표하는 허용적인 분위기를 만들기 쉽습니다. 또한, 자기 이름이 적힌 의견판이 앞에 붙여질 경우 자기 의견이 반영되었다는 자부심과 책임감을 가질 수 있고 이를 통해 학급에 소속되어 있다는 느낌을 느낄 수 있습니다. 특히, 많은 학생이 다양한 답을 할 수 있는 문제일 경우 이 파상형 발표 전략을 활용하면 좋습니다. 학생 전체가 자기 나름대로 시간을 가지면서, 빠른 시간 안에 효과적으로 발표할 수 있는 '파상형 전원 동시 발표' 방식을 한 번 수업에 적용해 보길 적극 추천합니다.

○ 모둠별 발표

모둠별 발표 방법은 전원의 의견을 먼저 모둠에서 수렴한 다음 모둠의 의견을 칠판에 정리하는 전략입니다. 전원의 의견을 하나씩 듣기에는 시간이 부족한 경우 이 방법을 써서 전체의 의견이나 생각을 확인할 수 있습니다.

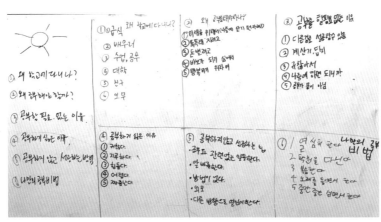

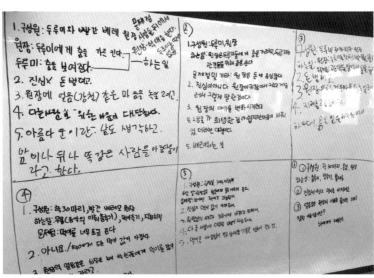

모둠별 발표 수업 장면 예시

수업 주도권의 한계와 현실적인 한계를 설정하는가?

앞에서 허용적인 교실 분위기에 관해서 이야기 나누어 보았습니다. 하지만 수업에서 마냥 허용적이어야만 하는 것은 아닙니다. 안전한 가운데 적절한 규칙이 있을 때만 자율성이 함양되며, 창의적 사고가 발휘될 수 있습니다. 규칙이 없는 허용이 무한한 자유를 보장해 주지 않습니다. 오히려 규칙이 마음껏 놀 수 있는 자유를 주는 것입니다.

○ 수업 주도권의 한계 ^{규칙}

위에서 이야기했듯이 '수업의 주도권'이란 '수업에서 무엇을 어떻게 배울 것인지 결정할 수 있는 권리'입니다. 현재 우리의 교육 상황에서 수업의 주도권을 지금보다 학생들에게 더 주는 방향으로 가는 것이 바람직합니다. 하지만 모든 것을 학생들에게 맡기는 것은 '방임'입니다. 자율성은 아이에게 단순히 의사결정을 많이 하게 하는 허용적, 방임적 양육이 아니라 오히려 절제된 양육방식에서 함양할 수 있습니다[17]. 그러므로 수업 주도권의 한계를 설정해 줄 필요가 있는 것입니다.

먼저 '무엇을' 배울지에 대한 수업의 한계는 '교육과정을 벗어나지 않는 범위에서'라고 설정할 수 있습니다. 교과서는 교육과정을 다루는 텍스트의 한 종류일 뿐이므로 반드시 가르쳐야 할 필요는 없습니다. 하지만 수업에서 가르치고 배워야 할 내용이 교육과정에서 벗어나서는 안 됩니다. 여기에서 교육과정의 내용을 학생들의 요구와 적절하게 연결하는 교사의 전문성이 발휘될 필요가 있습니다. 그리고 '어떻게' 배울지에 대한 수업의 한계는 대체로 규칙을 통해 설정됩니다. 수업 시간에 위험을 배제할 수 있는 안전 수칙으로 한계를 정하거나 타인의 수업권을 침해하지 않도록 정해주는 생활 규칙들로 한계를 정할 수 있습니다. 이러한 규칙들이 학생들의 활동에서 발생할 수 있는 위험 요소를 미리 배제하는 안전막과 같은 역할을 할 수 있습니다. 이러한 한계와 규칙을 통해 교사화 학생은 수업의 방향을 잃지 않고 안정적인 교육 활동을 지속할 수 있습니다. 한계가 오히려 학생들에게 수업권을 최대한 보장하고 학생들의 배움의 자유와 성취를 증진하는 데 도움을 주는 것입니다.

○ 현실적 한계

학생들에게 제한을 주는 것이 창의적 사고를 하는 데 중요하다는 것이 역설적으로 들리지만, 무조건 자유롭게만 생각한다고 한다고 창의적인 사고가 되는 것이 아닙니다. 현실을 딛지 않은 창의적인 사고는 망상에 불과합니다. 오히려 학생들은 현실을 디딜 수 있는 한계를 설정한 가운데 창의적인 사고를 더 잘 할 수 있습니다.

아주대 김경일 교수님의 '메타인지 창의력 실험'에서 나온 '만들고 싶은 물건 구상하기' 수업에서 보면 창의적 사고를 하는 데 한계가 얼마나 중요한지 알 수 있었습니다. 이 수업에서는 학생들이 먼저 자기가 만들고 싶은 물건을 생각해 본 뒤 그 물건을 만들기위해 주어진 모양들 중에서 몇 가지를 선택하라고 합니다. 그런 뒤 갑자기 짝과 고른 모양을 바꾸게 하고, 짝이 고른 모양들을 가지고 자기가 만들고자 했던 물건을 구상하게 됩니다. 학생들은 자기가 고른 모양이 아닌 짝이 고른 모양을 받았을 때 매우 혼란스러워하고 자기가 원했던 모양을 짝이 고르지 않았다고 심지어 짜증까지 냅니다. 하지만 이내 이런 한계를 극복하고 더 창의적인 물건들을 만들어 내곤 합니다. 예를 들어, 한 학생은 하늘을 나는 자동차를 만들어 보고자 했었는데, 날개에 반드시 들어가야 하는 부품 모양을 짝이 골라두지 않아서 비누방울 모양의 날개를 만들어 하늘 자동차를 완성했습니다. 아래 그리고 아래의 그림들은 김경일 교수님의 학습지와 실제로 우리 반 학생들이 이러한 한계를 극복하고 고안해 낸 '내가 만들고 싶은 물건'입니다.

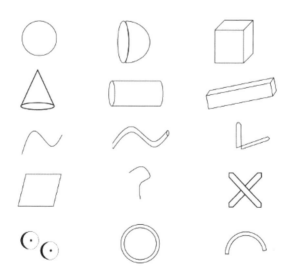

학생들이 선택해야 하는 모양들(김경일 교수의 '메타인지 창의력 수업' 중)

창의적 사고를 발휘한 수업 예시 장면(내가 만들고 싶은 물건 고안하기)

가상현실 장갑

초고속 이동장치

영원히 돌아가는 미세먼지 청소기

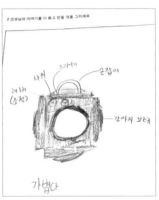

휴대용 강아지 샤워/건조기

배달 로봇

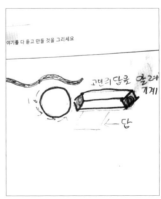

고민의 답을 알려주는 기계

규칙이 없다는 것은 무한한 자유를 의미하는 것이 아니다. 오히려 규칙이 마음껏 놀 수 있는 자유를 주는 것이다. 규칙이 없다는 것은 아무 것도 할 수 없다는 것과 마찬가지다. 자유롭게 놀고 갑갑한 세상을 바꾸기 위해서는 규칙을 없애는 것이 아니라 새로운 규칙을 만들어야 한다.

놀공발전소, 『노력 금지』 중

다른 사람의 권리를 제한하거나 빼앗지 않는 한 생명, 자유, 행복추구권은 무제한 보장됩니다.

존 스튜어트 밀, 『자유론』 중

단순하면서 규칙적인 계획이 오히려 더 많은 자유와 성취를 안겨준다.

팀 페리스, 『타이탄의 도구들』 중

평가

테스트가 아닌 피드백을 위해 다양한 지식^{서술적, 절차적, 메타인지}과 학습양식^{multimodal}을 평가하는가?

> 학생 1 선생님. 저 오늘 시험 도저히 모르겠어요.
>
> 교사 그래? 우리 공부했던 생각 쓰기 공책이나 책을 보면 기억날 수 있겠니?
>
> 학생 1 네. 훨씬 나을 것 같아요.
>
> 교사 그럼, 도저히 어떻게 풀어야 할 지 모르겠는 학생들은 자기가 공부했던 생각 쓰기 공책이나 책을 보고 오픈북으로 시험보 겠습니다.
>
> 학생 2 선생님. 그럼 잘하는 애들이 불공평하잖아요.
>
> 교사 오늘 평가의 목적은 '~을 암기하는 것^{서술적 지식}'이 아닌 '~을 하기^{절차적 지식}'이니깐 오픈북을 허용하는 겁니다.

저는 초임 때 평가는 단지 학생들을 줄 세우면서 잘하고 못하는 학생을 구분하고 선별하기 위해 존재하는 '시험'으로만 알았습니다. 왜냐하면 졸업할 때까지 제가 받았던 평가에서는 무조건 석차가 매겨져 있었고, 그 시험 자체로 끝인 어떤 학기나 한 학년의 마지막 활동이었기 때문입니다. 마치 제가 받은 수업들은 모든 것이 평가를 위한 것이었던 것처럼 느껴졌었습니다. 하지만 이러한 평가의 개념은 잘못된 것이었습니다. 평가는 수업의 일부로써 테스트^{test}가 아닌 학생들에게 피드백^{feedback}을 주기 위해 존재하는 것입니다. 평가하는 과정도 수업이고 교육의 일부로써 '학생들이 행복을 배움으로써 성장할 수 있도록 안내하고 이끌어내는 과정'이 되어야 합니다. 평가에는 학생들이 학습의 결과로서 무엇을 얻어갔으면 좋은지에 대한 교사의 고민이 담겨있어야 하고, 그 결과를 가장 효과적으로 피드백해줌으로써 학생들이 더 성장해 나갈 수 있도록 도와주려는 교사의 마음이 담겨 있어야 합니다. 그러기 위해서는 평가의 목적 자체가 '사실적 지식의 암기'인 경우가 아닌 이상, 평가할 때 내용 지식적인 도움을 받을 수 있도록 오픈북을 허용해 주는 것도 좋습니다. 또한, 학생들이 평가를 받는 과정에서도 배우고 성장할 수 있도록 도와주는 문항이 좋은 평가 문항이라 할 수 있겠습니다.

그렇다면 우리는 무엇을 평가해야 할까요? 도나 워커 타일스톤은 『좋은 수업의 실제 10가지』에서 평가에서 '서술적 지식'과 '절차적 지식'을 평가해야 한다고 이야기합니다. 서술적 지식은 정의, 규칙, 사실 등에 관한 지식이고, 절차적 지식은 서술적 지식을 가지고 행할 수 있는 지식을 말합니다. 예를 들어, '모양'을 수업 주제로 하는 경우, 서술적 지식으로는 모양과 관련된 단어들, 모양의 속성 등을 평가할 수 있고, 절차적 지식으로는 그림으로부터 여러 모양을 식별하기, 스스로 모양을 그리기, 주변의 모양을 식별하기 등을 평가할 수 있습니다. 이 두 가지 종류의 지식은 뇌 안에서 다르게 처리되고 저장, 회상되므로 각각 다르게 가르치고 평가되어야 합니다. 그러므로 교사는 학생들이 알아야 하는 서술적 지식과 절차적 지식을 분류하여 명확히 알아두고 어떻게 평가할 것인지 미리 계획해야 하는 것입니다.

또한, 위의 두 가지의 지식에 추가해서 '메타인지 지식'도 같이 평가해야 합니다. '메타인지 지식'이란 이런 지식들을 한 차원 높은 곳에서 어떤 상황에서 어떻게 적용하여 문제를 해결할 지 결정하는 전략적 지식을 말합니다.[31] 이 지식은 학교의 공부와 현실의 문제해결과의 차이를 줄이기 위해서 나온 지식입니다. 자아실현 코치 알렉스 룬구[Alex Lungu]에 따르면 학교의 공부에서는 현실 문제를 해결하기 위한 '방법

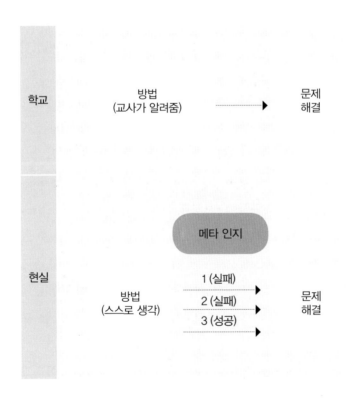

을 찾는 과정'이 없다고 합니다. 학교에서는 단지 방법을 제공하고 그 방법에 맞춰 문제를 해결합니다. 하지만 현실 문제는 전혀 다른 순서로 해결됩니다. 문제가 발생하면 수많은 방법을 생각해 내야 하고, 몇 번의 시도 끝에 방법을 다듬으면서 해결합니다. 그러므로 교사는 학생들이 문제를 해결할 때, 충분히 실패를 경험하고 스스로 조금씩 오류를 수정할 수 있도록 해 줄 필요가 있습니다. 이렇게 현실 문제를 해결하는 지식인 '메타인지 지식'을 통해 보다 학생들의 삶에 도움이 되는 평가를 할 수 있습니다. 다음의 표는 우리가 평가해야 할 지식의 종류와 그 정의, 예시를 간단히 정리한 것입니다.

지식의 종류	정의	예시
서술적 지식	정의, 규칙, 사실에 관한 지식	모양과 관련된 단어들, 모양의 속성
절차적 지식	서술적 지식을 가지고 행할 수 있는 지식	그림으로부터 여러 모양을 식별하기, 스스로 모양을 그리기, 주변의 모양을 식별하기
메타인지 지식	지식들을 한 차원 높은 곳에서 어떤 상황에서 어떻게 적용하여 문제를 해결할 지 결정하는 전략적 지식	우리 교실의 모습을 여러 가지 모양으로 그리기

그렇다면 어떻게 이 지식을 평가해야 할까요? 학생들의 다양한 인지체계를 반영하여 복합적인 학습양식을 평가하는 '멀티모달multimodal

평가'를 해야 합니다. 앞에서 논의했던 대로 우리의 뇌는 태어나서 여러 가지 경험을 통해 시각, 청각, 운동 감각의 서로 다른 학습양식을 선호하게 됩니다. 그러므로 되도록 다양한 방식으로 평가하는 것이 조금 더 공정한 평가라고 할 수 있습니다. 예를 들어, 모양에 대해서 평가한다면 청각적 학습자는 여러 모양에 대해 말로 설명해 보는 평가를 하고, 시각적, 운동 감각적 학습자는 여러 모양을 직접 그려보는 활동으로 평가할 수 있습니다. 또한, 정보에 따라서도 청각이 효과적인 정보, 시각이 효과적으로 표현되기 좋은 정보, 운동 감각으로 표현되기 좋은 정보가 있기 때문에 다양한 학습양식을 반영한 평가 내용과 방법으로 평가할 필요가 있습니다.

어린 시절을 존중하라. 그들을 '좋네', '나쁘네' 하며 평가하는 일을 서두르지 말라.

루소, 『에밀』 중

"아이를 이해한다."라고 말하는 것은 "저 아이는 이런 아이다."라고 속된 평가를 하는 일이 아니다. 아이가 자기 자신을 어떻게 생각하고 있는가를 이해해 주는 일이다.

무코야마 요이치, 『아이들이 열중하는 수업에는 법칙이 있다』 중

3
부
:
:

학생과
텍스트
사이

메시지와 감정이 수용자에게 쉽게 전달되어 공감할 수 있고 쓰는
이 모두의 삶이 행복해질 수 있는 텍스트인가?

텍스트란 무엇일까요?

유시민 작가에 따르면 '텍스트란 메시지를 전달받기 위해 수용자
가 해석할 필요가 있는 정보'라고 합니다. 텍스트는 비단 문자뿐만 아
니라 사진 텍스트, 음성 텍스트, 영상 텍스트 등 다양한 형태로 전달받
을 수 있습니다. 그리고 '좋은 텍스트'란 논리적 메시지와 감정이 수용
자에게 쉽게 전달되어 공감할 수 있고, 쓰는 이와 읽는 이 모두의 삶이
행복해질 수 있는 텍스트라고 이야기합니다.

온책읽기

학생들이 감정을 이입하고 공감하게 하는 텍스트인가?

수업에서 사용하기 좋은 텍스트란 무엇이라고 생각하나요? 물론 교과서가 좋은 텍스트 중의 하나일 수 있지만, 외국에서는 교사 대부분이 수업에서 가르칠 교재를 자기가 만들어서 가르치는 것을 보면, 교과서가 반드시 최고의 텍스트라고 확언할 수는 없다고 봅니다. 특히, 국어 수업에 있어서 교과서는 제게 맞지 않는 텍스트였던 것 같습니다. 왜냐하면, 국어는 일주일에 수업 시수는 가장 많은데도 제일 수업하기 싫고 힘들었던 과목이었기 때문입니다. 국어 과목에 대한 이런 저의 흥미는 고스란히 학생들의 수업 흥미에도 영향을 미쳤습니다. 학생들도 제 국어 수업을 제일 재미없어했고 국어 시간을 힘들어했습니다. 교사로서 수업할 때 가장 불행한 시간은 내가 재미없고 싫은데 그것을 학생들에게 강요해야 하는 시간이라고 생각합니다. 이렇게 국어를 가르치기 싫어하는 불행한 교사였지만, 최근에는 국어 시간을 매일 기다리고 있는 자신을 발견했습니다. 왜냐하면, 국어시간에 '온책읽기'를 시작했기 때문입니다.

'온책읽기'란 교육과정을 녹여내어 한 편의 문학작품을 온전히 읽는 방법을 말합니다. 1년 간의 '온책읽기' 활동을 통해 학생들에게 단편적으로 잘라서 실린 교과서의 정답 찾기를 강요하는 것이 아니라, 학생들이 작가 이야기를 처음부터 끝까지 들어보고 자기 나름의 생각을 갖도록 하는 시간이었습니다. 저는 지난 1년 동안 온책읽기 활동으로 국어 시간을 보냈습니다. 1학기에는『괭이부리말 아이들』을 읽고, 2학기에는『샬롯의 거미줄』과『소년왕』을 읽고 활동하며 국어 시간을 행복하게 보낼 수 있었습니다.

국어는 감정이나 생각을 말하기, 듣기, 쓰기, 읽기로 표현하는 학문입니다. 그러므로 국어 교육에서 가장 좋은 텍스트는 '학생들이 감정을 공감하고 이입하게 만드는 텍스트'라고 생각합니다. 학생들은 본능적으로 떠들고 말하고 싶어 하고, 자기 생각을 쓰고 전달하고 싶어하기 때문에 감정만 이입된다면 훨씬 더 유의미한 학습이 이루어질 수 있습니다. 하지만 지금의 국어 교과서의 잘린 단편만 보아서는 작가의 생각에 전혀 공감할 수 없습니다. 공감이 안 되는데 그 상황에서 작가의 의도를 파악하고 빨리 정답을 찾아내라고 문제를 냅니다. 연애편지를 쓰려면 그 사람을 만나고 그 사람을 알아야 쓰듯, 학생들이 텍스트를 이해하려면 텍스트와 마주하고 글쓴이의 생각을 알아가는 시간이 충분히 필요한 것입니다.

학부모 중에는 세계적인 인재로 커가야 할 우리 아이들이 정답 찾기 문제를 많이 풀지 못해서 다른 선진국 학생들보다 문해력에서 경쟁력이 떨어질까 걱정하시는 분들이 있을 수 있습니다. 물론 선진국들에서도 학생들의 문해력을 측정하기 위해서 비문학 글을 통해서 정답 찾기 문제를 내기도 합니다. 하지만 이런 문제는 비문학 글에서만 낼 뿐이지 문학을 공부할 때는 대부분 책을 읽고 에세이를 써서 평가합니다. 그리고 정답 찾기는 문해력 수준을 간단히 검사해 줄 뿐 문해력 자체를 올려주지 않습니다. 오히려 글 하나를 읽더라도 깊이 있게 이해하고 사고할 때 문해력이 함양됩니다.

신영복 선생님은 『감옥으로부터의 사색』에서 "젊은이들이 일을 벌여놓기만 하고 마무리하지 않는 이유는, 파종에서 수확에 이르기까지 하나의 일관된 노동인 '농사일'을 해보지 않아서"라고 이야기합니다. 이 말은 '삶의 문제'는 단편적이지 않으며, 전체를 알고 느끼고 해결책을 찾아 나가는 농사일과 유사하다는 말입니다. 영화 『모던 타임즈』의 찰리채플린이 기계 부품처럼 열심히 일하지만 전체 과업의 보람과 자부심을 느끼지 못하듯, 글 또한 일부분만 읽고 정답 찾기만 하게 되면, 작가의 의도나 감정을 온전히 전달받지 못하게 됩니다. 오히려 일부만 할 경우 곡해하게 되어 안 하느니만 못하는 경우가 생기기도 합니다.

실제 삶의 문제가 단편적이지 않듯 실제 삶을 다루는 교육 또한 단편적이지 않습니다. 마치 장인이 처음부터 끝까지 하나의 명품을 만들어 내듯, 교육도 전체를 놓고 보아야 하는 경우도 있는 것이라 생각합니다. 이렇게 전체의 삶을 알아가는 것이 진정한 배움의 길이고, 온책읽기를 통해 작가가 전해주고 싶었던 전체의 삶을 알아가는 것도 그 길 위에 있다고 생각합니다. 우측(→) 사진들은 학생들이 수업시간에 온책읽기로 했던 활동 결과물입니다. 책 뒤쪽의 부록에도 '온책읽기 활동목록'을 실어 놓았으니 혹시 온책읽기를 할 때 도움이 되면 좋겠습니다.

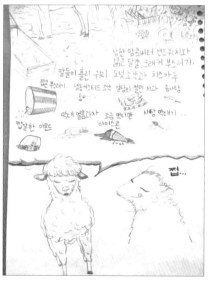

온책읽기 활동 예시

일본의 리더들을 많이 배출한 중학교 국어교사인 하시모토 선생님은 6년 동안 교과서나 다른 교재들은 공부하지 않고, 『은수저』라는 단 한 권의 책으로만 수업했다. 나카 간스케의 『은수저』는 일본의 고전 베스트셀러로서 일본의 고대어부터 현대어에 이르기까지 다양한 언어를 접할 수 있다. 국어 시간에 이 한 권의 책을 6년간 가르치는 것이다. 하지만 파생 독서를 통해 실제로 하시모토의 수업을 들은 학생들은 졸업할 때까지 6년 동안 수백 권의 책을 읽게 되었다. 일본의 각 분야에서 리더로 일하는 제자들은 "오늘의 나로 만든 것은 하시모토 선생님의 슬로리딩 수업이다."라고 이야기하고 있다.

고영성, 『부모 공부』 중

정답 찾기가 더이상 정답이 아니라는 인식이 퍼지지 않고,

정답 찾기가 정답이라고 생각하는 한,

정답 찾기는 멈추지 않을 겁니다.

정답 찾기가 아닌 방식이 정답이라고 생각하는 것이,

이 시대에는 정답인데 말입니다.

조사비의 시 『정답 찾기』 중

인문 고전

진리를 배움으로써 관점과 사유가 성장하고, 그 결과 성숙한 인격을 가지고 새로운 차원에서 삶의 문제를 해결할 수 있는 텍스트인가?

배움에 있어서 '인문 고전'만큼 좋은 텍스트가 또 있을까요? 물론 인문 고전 말고도 많은 좋은 텍스트들이 있지만, 인문 고전만큼 몇백, 몇천 년이라는 오랜 시간을 버텨온 책들은 흔치 않을 것입니다. 오래도록 살아남을 수 있었던 것은 아마도 이런 인문 고전에는 진리에 가까운 인생의 지혜를 알려주는 힘이 있기 때문이 아닐까 싶습니다.

먼저 '고전'이라는 말을 살펴보면 고전은 '클라시스ᶜˡᵃˢˢⁱˢ' 즉 전함이나 함대에서 유래한 말인데[58], 이는 시민이 전쟁의 위기가 찾아왔을 때 자신들을 지키기 위해서 함대를 파견하는 '민중의 지도자'를 상징합니다. 고전은 그런 지도자들이 갖춰야 할 교양까지도 아우르는 의미를 지니고 있습니다. 이러한 고전이 갖는 의미에는 여러 가지가 있지만 고전은 '다시 읽어도 또 다른 새로움을 주는 책'이라고 볼 수 있습니다[58]. 즉, 고전은 다시 읽어도 늘 새로운 관점을 제안하고 변화를 가져올 수 있도록 도와주는 책인 것입니다. 우리는 이런 고전을 읽음으로써 여러 질문 거리를 얻고 변화함으로써 인생을 어떻게 살아갈지에 대해 생각하는 힘을 기를 수 있습니다.

이번에는 '인문'에 초점을 맞춰서 인문 고전을 바라보면 인문 고전이란 '인문학을 다루는 고전 텍스트'라고 할 수 있습니다. 그렇다면 여기에서 '인문학'이란 무엇일까요? '인문학'이란 '인간의 문화를 이해하는 학문'입니다[32]. 다시 말해, 인간의 역사, 철학, 종교, 문학, 예술을 통해 인간을 이해하는 학문인 것입니다.

왜 이런 인문학 공부를 해야 할까요? 인문학이 중요한 이유는 앞에서 다뤘던 교육의 목표와 마찬가지인 '진, 선, 미'의 함양에 맞닿아 있다는 데 있습니다[5]. 우리는 진리에 가까운 인문 고전을 통해 관점과 사유가 성장하고 나와 세계에 대해서 알아가며 삶의 순간순간에 지혜로운 판단을 내릴 수 있고[진], 이러한 앎을 통해서 도덕성을 함양하고 성숙한 인격을 얻을 수 있으며[선], 당면한 문제를 새로운 차원에서 창의적으로 해결할 수 있는[미] 것입니다[20]. 또한 요즘 사회에서는 인간에 대한 높은 이해도를 가지고 다양한 사람들을 아우르며 창의적으로 문제를 해결하는 인문학적 인재상을 요구하기 때문에 인문학의 중요성은 앞으로 더 대두되리라 봅니다.

우리 나라는 예로부터 인문학 강국이었습니다. 우리 조상들은 예로부터 서당에서 사서삼경을 배우면서 인격을 수양하고 삶의 지혜를 얻어 왔지요. 그런데 왜 우리 교육에서는 인문학이 빠져 있는 것일까요? 그 이유는 우리가 일제강점기 식민지배를 받으면서부터 이렇게 좋은 인문 교육 전통을 구식 교육이라 치부하고 말살해 버렸기 때문입니다.

이지성 선생님은 『내 아이를 위한 인문학 교육』에서 우리 사회를 망친 네 가지 쓰레기 교육을 이야기합니다.

그 네 가지는 첫째로 인문학을 배제한 기술 교육인 '일제의 식민교육', 둘째 공장 노동자를 생산하는 '미국의 공립학교 교육', 셋째 생각하지 않는 인간을 만드는 '친일파의 우민화 교육', 넷째는 말 잘 듣는 국민을 만드는 '군사정권의 독재교육'입니다. 우리는 이러한 쓰레기 교육을 받는 동안 수동적인 사고에 익숙해지고 사람으로서 마땅히 받았어야 하는 인문 교육을 제대로 받지 못한 것입니다.

저는 제가 '인문 교육'을 받지는 못했지만 앞으로 미래를 살아갈 아이들에게는 보다 더 '인문 교육'이 필요하다고 생각했습니다. 그래서 저는 학년 말에 진도를 다 나가면 인문 고전 수업을 조금씩 진행하고 있습니다. 물론 이해하기 어려운 내용이 있고 알아듣기 힘든 부분도 많지만 이런 과정을 통해서 학생들이 생각하는 힘을 기르고 인간의 본성을 알아갈 수 있다면 충분히 가치 있는 시간이라고 생각합니다. 또한 실제 우리 조상들은 초등학생의 나이에 사서삼경을 읽고 소화할 수 있었으니, 초등학생들도 충분히 인문교육을 받을 수 있는 능력이 있다고 생각합니다.

저는 이번에는 플라톤의 『파이돈』과 『맹자』를 학생들과 같이 읽고 토론하면서 학년을 마무리했습니다. 수학 시간에는 조용하던 아이들도 "우리는 신의 소유물인가요?", "소유물이라고 해서 마음대로 해도 되는 건가요?"와 같은 철학적인 질문을 반짝이는 눈빛으로 던지면서 치열하게 고민했습니다. 이런 질문들에는 정답이 없습니다. 정답이 없기 때문에 학생들도 더 자신 있게 자신의 의견을 말할 수 있습니다. 아이들의 이런 진지한 모습을 보면서 '인문 고전은 좋은 텍스트이다.'

라는 확신을 다시 한 번 일깨워준 시간들이었습니다.

최고로 좋은 교재 가운데 하나인 인문 고전을 학생들과 한 번 같이 읽어 보는 건 어떨까요? 다음^(→)에는 제가 나름대로 고민했던 인문 고전 읽기의 수업 단계와 실제로 학생들이 인문 고전을 읽으면서 제기했던 여러 질문을 정리해 보았습니다.

인문 고전 읽기 수업 단계

단계	단계명	단계의 설명	예시
1단계	복습	지난 시간에 했던 문제에 관해서 이야기하기	
2단계	정독	같이 돌아가며 한 페이지씩 읽기	
3단계	해석	모르는 단어 찾아보기 모르는 부분 질문하기	선생님 '혼(영혼)'이라는 게 무엇인가요?
4단계	질문 찾기	모두가 한 가지씩 질문거리 찾기 • 각자 찾은 질문거리를 적어서 칠판에 붙이게 되면 교사가 분류해서 놓습니다. 이때 질문 거리가 겹쳐도 됩니다. 자기 이름도 의견과 같이 적어 넣는다면 자기 질문이 선정되었을 때 뿌듯해합니다.	각자 질문 거리를 적어 칠판에 붙이기
5단계	문제 추리기	서너가지 문제로 소거법을 통해 추리기 • 분류한 토론 주제 중에서 학생들이 하고 싶다고 생각하는 주제들에 대해서 투표를 통해 3~4개를 선정합니다.	오늘의 문제로는 • 삶은 왜 중요할까? • 목표는 왜 있고, 사람은 왜 그 목표를 이루려고 할까? • 우리는 신의 소유물일까? 가 선정되었습니다. 문제 추리기
6단계	자기 생각 적기	문제에 대한 자기 생각 적기 • 질문 : • 나의 의견 : • 이유 : • 예시 및 이유에 대한 설명 : 나의 경험, 책의 내용, 일반적 사실 등 (찬반이 첨예한 문제인 경우) • 예상되는 반론 : • 반론 꺾기(반론이 잘못된 이유) :	나의 의견 : 우리가 신의 소유물인지는 잘 모르겠습니다. 이유 : 소유물은 마음대로 할 수 있다는 뜻인데, 신이 우리를 마음대로 하는지는 잘 모르기 때문입니다. 하지만 소유물이라고 해서 마음대로 할 수 있는 권리는 없다고 생각합니다.
7단계	나누기	다른 의견 가진 친구 10명에게 자기 의견 이야기하고 싸인 받아오기 • 자기 생각을 적은 공책 밑에 칸을 만들어 싸인을 받아오면서 서로 의견을 말하고 듣습니다.	
8단계	공유하기	다 같이 이야기하거나 토론하기 • 우리 반 아이들의 의견의 통계를 내보거나 토론하는 시간을 갖습니다.	

소크라테스에 관한 이야기인 플라톤의 『파이돈』과 『맹자』를 읽으며
학생들이 했던 진지한 질문을 몇 가지 모아 보았습니다.

『파이돈』에서 나왔던 질문

- 삶은 중요한 것일까?

- 목표는 왜 있으며, 인간은 왜 그 목표를 이루려고 할까?

- 우리가 신의 소유물일까? 만약 소유물이라면 소유물이라고 해서
  마음대로 해도 되는 것일까?

- 만약 우리가 오늘 죽는다는 것을 알면서도 소크라테스처럼 편안
  하게 제자들과 대화하고 논쟁할 수 있을까?

- 자살을 내가 결정할 수 있을까?

- 자신의 몸을 꾸미고 화장하는 것은 어리석은 짓일까?

- 시각과 청각은 우리에게 무엇을 전달하는가? 진실이 아닌 경우
  는 언제가 있을까?

- 혼이 몸에서 분리되는 것이 죽음일까?

- 똑똑한 철학자가 죽으면 슬퍼하고 멍청한 사람이 죽으면 기뻐해
  도 되는 것일까?

『맹자』에서 나왔던 질문

- 왕이 천천히 공사하라고 했음에도 백성들은 어버이를 생각하는
  자식의 마음으로 하루만에 정자를 지었다. 과잉친절은 그 사람을

위한 것일까?

- 자기에게 부당한 대우를 한다고 해서 나라를 포기해도 되는 것일 까?
- 사람은 왜 이익을 추구할까? 정말로 자신의 이익만 추구한다고 해서 나라가 망할까?
- 만약 가족들이 서로 이익만 추구하면 가정이 무너질까?

나는 소위 학습이라는 것도 실은 정신력의 훈련이라고 생각했습니다. 주의력, 통찰력 그리고 단단한 기억력의 훈련은 판단하는 기능이나 추리하는 기능의 훈련에 선행해야 합니다.

페스탈로치, 『숨은 이의 저녁노을』 중

독서는 타인의 사고를 반복함에 그칠 것이 아니라, 생각 거리를 얻는 다는 데에 보다 참된 의의가 있다.

신영복, 『감옥으로부터의 사색』 중

학습지 구성

2

사고수준

학습지가 학생들의 사고수준의 단계에 맞게 구성이 되어 있는가?

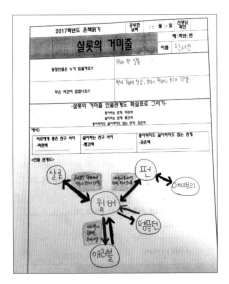

온책읽기 「샬롯의 거미줄」 학습지

위 학습지는 『샬롯의 거미줄』을 온책읽기 하면서 만들었던 학습지입니다. 학습지는 다음과 같은 질문으로 구성되어 있습니다.

① 등장인물은 누가 있을까요? 사실적 사고

② 무슨 사건이 일어났나요? 사실적 사고

③ 인물의 관계도를 그려봅시다. 창의적 사고

④ 등장인물의 관계에 대해 질문해 봅시다. 비판적 사고

그런데 수업에서 학생들의 학습지를 다시 모은 결과, 마지막 질문인 등장인물의 관계에 대해 질문하는 활동을 제대로 한 학생들이 거의 없었습니다. 저는 그 이유를 질문 순서를 학생들의 사고수준의 단계에 맞게 배치하지 않았던 데에서 찾았습니다. 앞에서 밝혔던 것처럼, 학생들은 사고수준의 낮은 단계부터 높은 단계의 순서 사실적 사고→ 추론적 사고→ 비판적 사고→ 창의적 사고→ 성찰적 사고 에 따라 사고하는 것을 자연스러워합니다. 3번과 4번 질문의 순서를 바꿔서 학생들이 인물의 관계도를 그려보기 창의적 사고 전에 등장인물 사이의 관계 비판적 사고 에 대해 이야기해 보았더라면 학생들은 조금 더 쉽게 인물관계도를 그리고 활동지 질문에 대답할 수 있었으리라 생각합니다. 학습지의 질문 순서도 학생들의 사고수준의 단계를 고려해서 구성해 준다면 더 자연스러운 학생들의 사고 흐름을 도울 수 있는 것입니다.

공책에 학생들의 생각을 자유롭게 적을만한 충분한 공간을 주었는가?

자기 생각을 글로 적는 것은 사고의 시작이자 첫 번째 발표로서 중요한 의미를 가지므로, 공책 정리는 배움에서 중요한 역할을 합니다. 하지만 저는 학창시절부터 공책 정리를 좋아하지 않습니다. 공책의 첫 장은 깔끔하게 정리를 해도, 지속하는 힘이 부족해 뒤로 갈수록 제대로 정리가 되지 않아 끝까지 공책을 채우지 못하고 버리기 일쑤 였습니다. 이렇게 공책 정리를 싫어하고 지속해서 기록하지 못했던 원인을 생각해 보니 공책 정리의 의미를 선생님께 검사받기 위한 것에만 두었기 때문이었습니다. 내 생각을 적고 내 의견을 정리하는 데에 목적이 있었던 것이 아니었기 때문에 공책 정리가 부담 되고 중간에 포기하게 되는 것입니다.

물론 학생들에게 공책 정리는 자기 생각을 정교화하기 위해 반드시 필요한 활동이라는 것에 동의합니다만, 공책 정리의 의미가 교사에게 보여주고 검사받기 위한 데 있는 것이 아니라 자기 생각을 정리하고 표현하는 데에 초점을 둘 필요가 있다고 생각합니다.

'그렇다면 어떤 방식으로 공책 정리를 할 필요가 있을까?'라는 제 고민에 대한 대답이 '생각 쓰기 공책'이었습니다. 저희 반의 생각 쓰기 공책은 수업에서 자기 생각을 모으거나 활동에 필요한 워크북 형식으로 자유롭고 편안하게 사용됩니다. 저는 생각 쓰기의 장점이 이러한 '편안함'에 있다고 봅니다. 학생들이 자유롭게 공책 정리를 할 때 남에게 보여주기 위한 공부가 아닌 진정한 자기 공부를 하게 되는 것입니다. 저는 이런 편안함을 고려해서 생각 공책을 조금 더럽게 쓰거나 중간에 낙서가 있어도 자기만의 생각이 정확히 전달된다면 잔소리하지 않습니다.

또한 제 반 학생들은 '생각 쓰기 공책'으로 모든 과목의 필기나 정리를 단권화해서 이용하고 있습니다. 분권화하게 되면 돈도 많이 들뿐더러 끝까지 다 채워 작성해야 한다는 부담감이 더 커지게 되기 때문입니다. 이렇게 부담이 없어야 학생들이 스케치북이나 연습장처럼 생각 쓰기 공책을 편안하게 끝까지 사용합니다. 그리고 교사로서도 특별히 학습지를 만들지 않고도 백지 공간으로만 이루어진 학습지 모음처럼 필요할 때 쓸 수 있는 '접근성'에 큰 장점이 있습니다. 공책은 학생들이 즐겁게 생각고 편하게 생각하는 놀이터가 되고, 서로의 생각을 자유롭게 공유하는 자리만 마련하면 충분합니다. 다음 쪽을 통해 생각 쓰기 공책의 예시를 참고해 볼 수 있습니다.

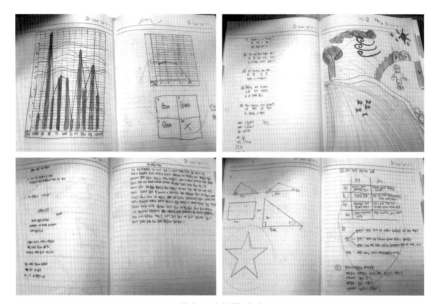

생각 쓰기 공책 예시

4
부

학생과
다른 학생
사이

수많은 변수가 상호작용 하는 체계를 '복잡계^{Complex system}'라 하며
[36], 창의적인 조직에서는 이 수많은 변수와 개체들 간의 긴밀한 상호
작용이 필요합니다. '반'이라는 복잡계에서도 마찬가지입니다. 수업
이라는 창조적인 배움을 만들기 위해서 학급의 구성원들이 서로 긴밀
한 상호작용을 해야 합니다. 하지만 교실에서 교사는 한 명이고 학생
은 다수이기 때문에, 학생 당 학생-교사 간의 많은 상호작용을 기대하
기는 시간이 매우 부족합니다. 그러므로 학생들 서로 간에 상호작용을
통해서 더 많은 상호작용을 학생들에게 줄 필요가 있습니다.

학생들이 멘토-멘티 제도를 통해 서로 도움을 주는가?

인간은 다른 사람과의 관계 맺음을 위하여, 그리고 그것을 통해서 인격을 도야character training 합니다[26]. 본래 인간은 관계로서 서로 연결 되어있고 도와야 하는 존재입니다. 여기에서 '돕는다'의 의미는 내가 가지고 있는 것을 일방적으로 주는 '베푼다'는 의미와는 다릅니다. 돕 는다는 것은 같이 시간을 보내며 있어 주고, 같이 고민해 주고, 따뜻한 마음의 보금자리를 마련해 주는 '함께'의 의미입니다.

그렇다면 어떻게 도와줄 수 있을까요? 제일 학습 효과가 좋은 도움 은 일대일로 학습하는 것입니다. 교사가 해 주는 것이 제일 좋지만, 앞 에서 이야기했듯이 한 명의 교사가 다수의 학생을 지도해야 하므로 교 사로부터 일대일의 상호작용을 많이 기대하기는 힘듭니다. 그러므로 저는 주어진 과제를 먼저 끝낸 학생들이 다른 친구들을 도와주는 '멘

짝의 도움, 출처: pixabay

토-멘티 제도'를 두고 있습니다. 모든 과목에서 하는 것이 아니라, 학습 편차가 많이 나서 포기하기 쉬운 수학과 같은 과목만 한정해서 하고 있습니다. 이 시간에는 그 시간만 자리를 바꾸어 멘토가 옆에서 멘티들을 도와주도록 하는 것입니다.

　대부분의 학생이 이 제도에 대해 호의적이지만 자기 시간과 노력을 내며 도움을 주는 것을 힘들어하는 경우도 있습니다. 작년에 우리 반에서 제일 공부를 잘하는 친구가 멘토-멘티에 대해 힘들다고 불만을 토로했었습니다. 저희 반은 도움을 받는 '멘티'가 가르치는 '멘토'를 뽑는데, 멘토인 그 친구는 자기가 원하지 않는 친구와 공부하는 것과 내 시간을 내어 남에게 주는 것에 불만을 느꼈던 것입니다. 저는 이 아이의 불만을 들었을 때 저 또한 어렸을 때 비슷한 생각을 한 적이 있었기 때문에, 바로 대답해주기가 힘들었습니다. 단지 '사람이 누군가에게 무엇인가를 주기가 정말 어렵구나. 그리고 그것은 많이 가진 사람일수록 더 힘들다.'는 것을 새삼 다시 느끼게 되었습니다. 홍자성의 『채근담』에서 다음과 같이 이야기합니다.

> 부귀한 집안은 당연히 관대하고 어질어야 하는데 도리어 샘이 많고 모질면 부귀하면서도 그 행실을 가난하고 천하게 하는 것이니 어떻게 부귀를 누릴 수 있겠는가?
> 총명한 사람은 마땅히 그 재능을 깊이 간직해 두어야 하는데 도리어 잘난 듯 과시하면 총명하면서도 우매하게 그 병폐를 벗어나지 못하는 것이니 어찌 실패하지 않겠는가?

저는 이 말을 재능이 있고 지식이 있는 사람은 잘난 듯 과시하지 말고 겸손해야 할뿐더러, 부자가 관대하고 어질어야 하는 것처럼 지식이 있는 사람 또한 부족한 사람에게 나누어줄 줄 알아야 한다는 것으로 해석했습니다. 노블리스 오블리주 noblesse oblige, 귀족의 의무 처럼 재능 있는 사람은 마땅히 베풀 줄 알아야 합니다. 또한, 이 질문에 대한 대답을 우리나라 헌법에서도 찾을 수 있는데요. 헌법 제1조인 "대한민국은 민주공화국이다."라는 말에서 "공화 共和"라는 단어는 '더불어 화합하여 살아간다.'는 의미입니다. 그러므로 우리가 대한민국이라는 '민주공화국'에 살아갈 것이라면 우리가 함께 서로를 챙겨주며 살아가야 한다는 사실이, 제1의 법인 헌법에 명시되어 있다는 것을 잊어서 안될 것입니다.

아울러 단편적으로 보면 멘토-멘티 프로그램이 멘토의 시간을 빼앗는 것처럼 보이지만 이 제도가 전적으로 멘티에게만 이익이 돌아가는 시스템은 아닙니다. 멘토에게도 많은 이익을 안겨 줍니다. 이 제도가 멘토에게 주는 장점에 대해서 다음과 같이 몇 가지 정리해 보았습니다.

① 지식을 체계화할 수 있다

지식을 가장 잘 체계화시키는 방법은 바로 '강의'를 하는 것입니다. 다른 사람을 가르치는 과정을 통해 자신의 부족한 점이나 모호했던 점을 명확하게 정리할 수 있습니다. 우리의 전통 교육기관인 서당에서도 학동 學童 가운데 먼저 배운 아이가 나중에 온 아이를 가르쳤고, 천재 아들을 교육해 낸 교육학자인 칼 비테는 아이에게 강의하게 함으로써 자신이 보고 느낀 것을 좀 더 구체적이고 명확하게 정리하게 했습니다. 학생들은 말을 하면서 자기 생각을 정리하게 되고, 그것을 다른 사람에게 설명하는 과정에서 자기만의 표현으로 만드는 과정을 겪습니다. 즉, 서로를 가르치면서 더 배우게 되는 것입니다.

② 상호 흥미를 잃지 않게 된다

교실에는 전혀 다른 수준과 능력을 가진 학생들이 한 자리에 모여 있습니다. 이렇게 다른 수준의 학생들이 흥미를 잃지 않기 위해서 행하는 제일 좋은 방법이 상호 간의 학습입니다. 서로 가르치고 배우는 것만큼 큰 동기부여는 없기 때문입니다.

③ 자부심이 생긴다

페스탈로치가 운영하는 보육원 어린이들은 나이 어린 동생들을 위해 무엇인가 하고 싶어 했고, 그들이 어린 동생들의 부모를 대신할 수 있다고 기뻐했습니다. 그리고 아이들은 자기가 아는 일을 동생들에게 알려 주면서 자부심을 느꼈습니다. 인간은 다른 사람을 도와준다는 것이 가치 있다는 것을 본능적으로 알고 있으며, 그 가운데에서 의미를 찾으며 행복을 느끼는 존재입니다.

④ 새로운 것을 배울 수 있는 시간이 더 생긴다

"혼자 가면 빨리 가지만 함께 가면 멀리 간다."라는 유명한 아프리카

속담이 있습니다. 다 같이 가게 되면 천천히 가겠지만 멀리 갈 수 있다는 의미입니다. 이 속담은 수업에도 적용할 수 있습니다. 만약 멘토-멘티 제도를 통해 천천히 수업하게 되면, 멘토 학생은 혼자 하는 것보다는 더 시간이 걸리고 힘들 수도 있습니다. 하지만 멘티 학생이 효과적인 도움을 받음으로써 결과적으로는 수업 전체의 속도가 올라갑니다. 이럴 경우, 교사는 추가로 새로운 것을 더 가르칠 시간이 생기고, 결과적으로 멘토 학생에게도 새로운 것을 더 배울 기회가 생기는 것입니다.

> 배움을 중심으로 하는 수업은 아이들 한명 한명이 관계를 엮어가며 서로 탐구하고 교류하면서 서로 배우는 관계를 교실에서 구축하는 일에서부터 출발해야 할 것이다. 교실이라는 장소에서 타자에 대한 무관심과 싸우는 실천이 배움을 중심으로 하는 수업의 중심적인 과제가 될 것이다. 이 세계에는 배울만한 가치 있는 것들이 무수히 존재하고 있으며 친구와 함께 배우는 일은 헤아릴 수 없이 행복한 일이고 그 배움을 통해서 자신의 인생과 세상을 바꾸는 일이 가능하다.
>
> 사토 마나부, 『수업이 바뀌면 학교가 바뀐다』 중

> 인간에게는 소속의 욕구가 있을뿐더러, 아무리 혼자 살기 위해서 노력하더라도 결국은 서로의 일부가 되어 함께 햇빛을 나누며 함께 비를 맞으며 함께 살아가고 있다는 사실을 알게 될 따름입니다.
>
> 신영복, 『감옥으로부터의 사색』 중

친구의 의견과 생각을 베껴 쓸 수 있도록 허용해 주는가?

반에서는 항상 수업시간에 지루해 하는 아이가 생기기 마련인 것은 왜일까요? 바로 '모르기' 때문입니다. 수업에서 하는 말을 알아듣지 못하고 수업에서 다루는 내용이 낯설기 때문에 수업에 참여하는 것을 포기하게 되는 것입니다. 영어면 영어, 수학이면 수학 등 각 과목에는 새롭게 배우게 되는 명칭과 용어 즉, 그 시간에 사용하는 '언어'에 익숙해지지 않으면 그 시간에 따라가지 못합니다. 그러나 현실적으로 수업의 언어에 익숙해질 충분한 시간을 주지 못하기 때문에 학생들은 수업시간을 포기하고 지루해하고 버리는 시간으로 여겨 버립니다.

저는 이런 학생들이 수업을 포기하지 않도록 하기 위해, 옆 친구들의 의견을 베껴서라도 수업에 참여하도록 합니다. 베끼는 학생들은 대부분 자기 힘으로 어떻게 안 되는 힘든 상황에 이르게 된 경우가 많습니다. 그 수업에 들어가기 위한 기본적인 언어 준비가 안 된 학생들에게 베끼는 것까지 못하게 한다면, 이 학생들은 수업에 참여하기를 포기하고 아무 생각도 아무런 참여도 안 하는 '수업 방관자'로 전락하게 됩니다. 수업에서 가장 안 좋은 경우인 '변화가 없는 상황'에 놓이게 되는 것입니다.

베껴 쓰는 것에 대해 몇 가지 우려하는 의견이 있을 수 있습니다. 먼저 '옆 친구의 의견을 베끼는 것은 창의성 계발에 도움이 되지 않는다.'는 우려입니다. 하지만 "창조란 개성화된 모방이다."라는 말이 있듯이, 배움이 처음 일어나는 것은 모방을 통해서 일어난다는 사실을 잊어서는 안 됩니다. 우리가 창조한 지식 대부분은 모방을 통해서 만들어진 것이고 오랫동안 쌓아온 지식의 산물입니다. 다른 사람을 모방하지 않고 다른 사람과 조금도 닮지 않은 사람이란 없는 것입니다[1]. 하지만 베껴쓸 수 있도록 하되 답만 베껴 쓰지 않고 반드시 풀이 과정이나 생각의 과정까지도 베껴 쓰도록 약속할 필요는 있다고 생각합니다.

다른 우려로는 '자기 생각을 갖지 않고 모방하는 습관이 들게 될 수 있다'는 의견입니다. 하지만 학생들은 말하지 않아도 이미 자기 스스로 생각하고 스스로 발전시키고자 하는 본성을 가지고 있습니다. 학생들은 생각하면서 기록하고, 기록 하면서 생각하고 깨우치기 때문에 베끼면서도, 자기 공부를 하는 것입니다. 우리가 도와줄 수 있는 것은 학생들이 베껴서라도 자신을 도우면서 자기만의 생각을 가질 수 있을 때까지 기다려 주고 자극해 주는 것뿐입니다.

아이가 많은 사물을 일찍이 접하고 명칭과 특성에 익숙해지고 관련된 모든 것을 쉽고도 정확하게 표현하면 어른의 모든 대화에 귀를 쫑긋 기울일 것이다. 그러니 지루할 수가 없고 하품할 수가 없고 멍하게 바라볼 수가 없을 것이다. 대부분을 폭넓게 이해하니까 더 깊이 관심을 가질 것이다.

칼 비테, 『칼 비테 교육법』 중

TIP 학생들 사이의 상호작용을 증진하기 위한 방편으로 스마트교육 방법을 활용할 수 있습니다. 저는 반에서 쓰는 구글 드라이브 계정을 만들어 반 학생들과 공유한 다음, 실시간으로 학생들이 협업하며 문서작업을 할 수 있도록 하고 있습니다. 특히 PPT를 만들어야 할 수업에 효과적인데, 학생들은 처음에 신기해하면서도 이내 익숙해지고, 활발하게 교류하며 발표 PPT를 만들어내곤 했습니다. 아래 사진은 사회 시간에 역사 단원을 배울 때 학생들이 선택한 단원을 구글 프레젠테이션을 통해 만든 파일들입니다. 구글 드라이브나 스마트교육에 자세한 사항은 김원유, 최섭의 『앱과 구글로 지금 당장 해보는 스마트 교육』을 참고하시기 바랍니다.

구글 프레젠테이션을 통해 협업한 파일

5
부
.
.

학생과
환경
사이

혹시 삼거리로 이루어진 뉴욕 타임스퀘어 광장이 왜 사람이 모이는 공간이 되었는지 아시나요? 홍익대 유현준 교수에 의하면 삼거리는 구조가 사거리 구조보다 사람들을 무의식적으로 모이게 만드는 힘이 있기 때문이라고 합니다. 우리가 존재하는 공간은 우리의 사고 방향을 알게 모르게 결정하는 강력한 힘으로 영향을 끼치고 있는 것입니다. 여러 가지 환경적 요인이 있겠지만 수업 진행에서 교사가 조절할 수 있는 가장 강력한 요인인 '자리 배치'와 '모둠 구성'에 대해서 알아보겠습니다.

자리 배치

학생들의 사고를 모으는 데 적절한 자리 배치를 하는가?

　학생들의 사고를 모으기 위해서는 어떤 자리 배치를 해야 할까요? 저는 역사적으로 내려오는 로마 원형 공연장 구조에서 그 해답을 찾아보았습니다. 원형 경기장은 연기자를 중심으로 관객들이 반원 모양으로 둘러싸면서 자연스럽게 집중할 수 있는 구조로 되어있습니다. 예전에는 학생 수가 너무 많아서 교실 가운데 공간을 비우기가 힘들었지만, 요즘에는 학급당 학생 수가 많이 줄었기 때문에 가운데를 비워 놓는 '말굽형' 자리 배치를 충분히 사용할 수 있습니다. 저는 개인적으로 로마 원형 경기장과 닮은 말굽형 자리 배치를 할 경우 구조적으로 안정감이 더 생기고 학생들의 중심을 향한 몰입도가 더 증가하는 것을 경험했습니다. 또한 세로로 5~6명이 일제히 정면을 바라보며 앉은 학

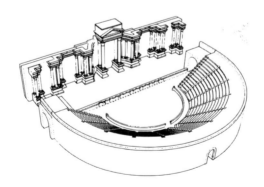

과거 로마의 원형 공연장, 출처: pixabay

생들은 한눈에 들어오기 힘든 특성이 있기 때문에 교사가 편하게 한 눈으로 바라볼 수 있는 세로줄 수인 2~3줄 정도로 유지하는 것이 좋습니다. 그래서 학년 마지막 날에는 다음 선생님들이 보편적으로 하시는 일제식 자리 배치로 돌려놓고 가는데요. 학생들도 저도 1년간 말굽형 자리 배치에 익숙해져서 그런지, 일제식 자리 배치를 대해서 부자연스럽게 보이고 답답함을 느끼기까지 했습니다. 귀찮더라도 한 번쯤은 용기를 내어서 말굽형 자리배치로 해 볼 것을 추천합니다. 아래 그림들은 기본적으로 말굽형의 구조에서 변형된 자리 배치들을 소개하고 있으며, 실제로 그 대형으로 했을 때의 장단점이나 느낌을 정리해 보았습니다.

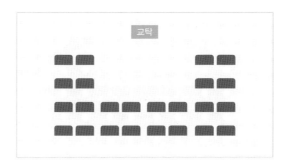

말굽형 – 강의식 자리 배치

ㄷ자 말굽형 자리 배치 중에서 가장 강의에 적합한 대형입니다. 기본적으로 교사를 보고 있기 때문에 소란스럽지 않고 학생들의 집중을 유도하면서 교사가 가운데를 향해 주제를 던지는 구조로 되어 있습니다. 또한, 언제든 말굽형–토론식 배치로 변형할 수 있는 장점이 있습니다.

말굽형–토론식 자리 배치

학생들이 가운데를 보고 서로 마주 보고 있기 때문에 토론하기 좋지만, 강의에는 약간 집중시키기 힘든 구조입니다. 교사에게 집중하기 보다는 주제에 관해서 간단히 토론하는데 적합한 구조입니다.

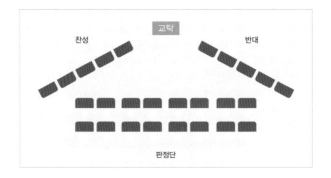

토론 수업형 자리 배치

이 배치는 포항공대 인문사회학부 김병원 교수의 '신세대 토론 방식'을 수업에 적용한 동료 교사 우지영 선생님의 자리 배치 방식입니다. 학생 중 찬성과 반대를 5명씩을 선발하고 이들을 사선으로 배치함으로써 서로를 보며 토론할 수 있는 구조입니다. 정면을 바라본 판정단들도 토론자들을 보며 자연스럽게 집중할 수 있도록 토론에 최적화된 구조입니다. 뒤쪽 부록에 우지영 선생님의 독서토론 학습지와 토론 시 유의사항을 첨부해 두었으니 참고하면 좋을 것 같습니다.

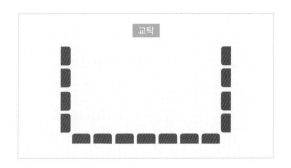

전체 토의형 자리 배치

위 자리 배치는 마치 원탁회의를 하는 듯한 느낌을 주고 전체 학생을 가운데로 몰입하게 만들어 주는 배치입니다. 세로로 쌓인 줄이 1줄이기 때문에 학생들은 서로 동등한 위치에서 자유롭게 의견을 나눌 수 있습니다[8]. 하지만 모둠활동 자리 배치로 변형하는데 시간이 오래 걸리는 단점이 있습니다.

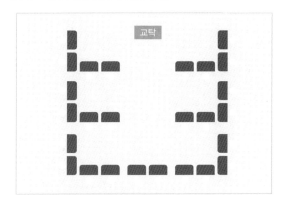

갈비뼈형(덴마크형) 자리 배치

보기와 달리 의외로 안정적이고 각각의 모둠원이 각각의 모둠 중심을 바라보면서 집중하는 경향이 있습니다. 단점은 공간이 다소 넓어야 하고, 다른 모둠의 꼭지와 맞닿은 부분의 학생들이 떠들기도 한다는 점, 또 같은 모둠끼리 책상 2칸 이상씩 떨어져 있어서 각 모둠의 끝과 끝에 있는 학생들이 서로 이야기하기가 어렵다는 점입니다 .

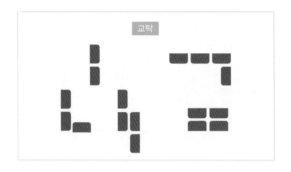

자율형 자리 배치

같은 공간일지라도 자기가 있는 환경을 원하는 대로 바꿀 수 있을 때 성과와 만족도가 높게 나옵니다. 학기 말에 책상 서랍이 가벼워졌을 때 한 번씩은 자유롭게 책상을 이동하며 공부하면 학생들은 좋아합니다.

학교는 교사라는 자각이 없었던 한 사람이 학생이라는 자각이 없었던

몇몇 사람들에게 그가 깨닮은 것들을 나무아래에서 논의하며 탄생했다.

－건축가 루이스 칸

모둠 활동을 통해서 협동하는 배움이 일어나도록 도와주는가?

인간은 혼자서 모든 것을 감당하며 살 수 없고, 반드시 사회 속에서 서로 어울리며 살아가게 됩니다. 교실이라는 작은 사회에서도 마찬가지입니다. 개개인의 배움도 중요하지만, 모둠 속에서 협동하는 배움을 통해서 서로 어울리며 살아가는 법도 배울 필요가 있습니다. 우선 왜 모둠을 통해서 협동하며 배워야 하는지에 대해 이야기 해 보고자 합니다. 모둠이 필요한 이유를 최진수 선생님의 『초등수업 백과』에서 나온 논의를 바탕으로 정리해 보았습니다.

모둠이 필요한 이유

① 고차원적 인지 전략을 구사하게 된다

데이비드 존슨 David Johnson 팀은 혼자 활동했을 때와 협동했을 때의

수행 수준을 비교한 378개의 연구를 분석한 결과, 아이들은 혼자 활동할 때보다 협동할 때 더 고차원적인 인지 전략을 구사하는 경향이 있다는 사실을 알았습니다[17]. 협동적 학습을 한 아이들은 50% 이상이 수행 능력이 향상되었지만, 혼자 수행한 아이 중 능력이 향상된 경우는 10%도 되지 않았던 것입니다. 아이들은 본성적으로 친구들과 이야기하고 그 생각 속에서 배우는 것을 좋아합니다. 주위 학생들과 이야기 하면서 서로 다른 풀이 방법을 듣고 말하는 과정에서 자기만의 표현을 하게 됩니다. 그리고 이런 친구들의 표현은 교사의 설명보다 학생들이 이해하기 더 쉬운 경우가 많기 때문에, 다른 친구들과 상호작용 하는 가운데 교사가 가르치는 것에서는 기대할 수 없는 배움이 일어날 수 있습니다[9]. 아이들은 모둠 속에서 또래 친구들과 의견을 나누는 과정을 통해 더 많이 배우게 되며, 협동하는 과정에서 고차원적 사고를 할 수 있는 것입니다[17].

② 모두가 서로 부담없이 이야기하는 기회를 가질 수 있다

다수의 사람들에게 공적 말하기^{public speaking}를 해야 하는 상황은 누구에게나 부담스럽습니다. 특히, 인정의 욕구가 강한 사춘기 학생들은 반 전체 학생들을 대상으로 말하는 것을 매우 부담스러워 합니다. 하지만 모둠에서라면 부담감 없이 편안하고 여유 있게 말을 꺼내고 의견을 내기 쉽습니다. 실제로 반 전체를 대상으로는 발표하지 않지만, 모둠에서는 조금씩 자기 의견을 꺼내는 학생들을 많이 보았습니다. 또한, 4인 모둠 학습을 하게 되면, 3번 이상의 서로 다른 상호작용을 경험하므로 발표할 기회를 더 많이 가질 수 있습니다.

③ 경청과 배려하는 습관을 키울 수 있다

몇몇 학생들은 모둠 활동을 매우 힘들어합니다. 왜냐하면, 자기 마음대로 하고 싶은데 다른 친구들이 의견이 부딪혀 자기 뜻대로 되지 않기 때문입니다. 그래서 모둠 활동 중에 다툼이나 토라짐이 일어나는 경우가 있습니다. 하지만 의견 대립이나 분쟁이 일어날지라도 그것을 해결해가는 과정에서 교육이 일어난다고 생각합니다. 서로 다른 의견을 조율하면서 경청하고 배려하는 능력을 더 배우게 되는 것입니다.

그렇다면 모둠을 어떻게 구성해야 할까요? 모둠을 구성할 때 대학생이나 성인들처럼 자유롭게 앉도록 하는 것도 좋은 방법이지만, 여러 다른 구성원을 경험해 보는 공부도 필요하므로 어느 정도 원칙을 정해서 모둠을 구성할 필요가 있습니다. 함께 수업나누기를 한 선배

선생님들의 조언을 포함하여 아래와 같이 모둠 구성 원칙을 정리해
보았습니다.

모둠 구성 원칙

① 4인 이하의 학생 수로 제한하라

활발한 모둠별 토론이 일어나기 위해서는 4인 이하의 학생 수로 제
한할 필요가 있습니다. 책상을 3개 이상 건너가게 되면 학생들이 원활
한 대화를 하기 위한 심리적, 물리적 거리인 '50cm'에서 벗어나게 되
기 때문입니다. 실제로 책상에 앉아 3칸 이상 떨어져 있으면 그 사람
의 목소리가 잘들리지도 않기 때문에 서로 간에 대화하며 모둠 활동을
수행하기가 어렵습니다.

② 같은 성별을 대각선으로 앉혀라

남녀의 사고방식에 약간은 다른 점이 있기 때문에 모둠 학생의 성비
는 되도록 남녀 비율을 동일하게 하는 모둠 구성이 다양한 사고를 하

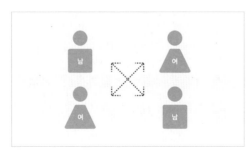

남녀 대각선 원칙으로 구성된 모둠

는데 도움이 됩니다. 그리고 되도록 둘이 앉을 때는 이성끼리 짝을 앉히고, 모둠 활동을 할 때는 동성끼리 대각선에 자리할 수 있도록 앉히는 것이 좋습니다. 이는 동성끼리 앞뒤로 앉게 되면 4명이 모둠별로 토의할 때 같은 성별끼리만 이야기하게 되어, 다른 성별의 학생들과의 의사소통이 단절되는 것을 막기 위함입니다.

③ 능력은 이질적으로 흥미는 동질적으로 갖는 학생으로 구성하라

모둠을 구성할 때는 이질적인 능력의 학생들이 모일 수 있도록 구성하는 것이 좋습니다. 동질적인 능력을 갖춘 학생들보다 서로 다른 능력을 갖추고 있을 때 다른 의견을 제시할 가능성이 더 큽니다. 연구 결과에서 보면 비록 초반에는 서로의 다름으로 인해 감정이 상하고 시행착오를 겪을지라도, 새로운 것을 시험하는 산만한 과정, 격렬한 의견 대립, 다양한 아이디어의 조합은 결국 뛰어난 결과로 이어지는 경우가 많은 것으로 나타났습니다. 구체적으로 한 연구결과에서는 복합적인 요소와 사람들이 모인 집단이 동일한 요소와 비슷한 인식을 가진 사람들이 모인 집단보다 세 배나 많은 해결책을 제시한다고 합니다. 또한, 모둠 구성시에는 되도록 학생들의 '흥미'에 따라서 같은 모둠이 구성되는 것이 이질적 모둠 구성의 효과를 극대화시킵니다. 그 예로 사회 발표를 할 때 자기가 흥미 있어 하는 주제를 가지고 모인 구성원들이 더 적극적으로 참여하는 것을 확인할 수 있었습니다.

④ 다른 학생들에게 피해를 주지 않도록 자리 배치하라

저는 자리를 바꿀 때, 교사와 다른 학생의 수업권을 지속적으로 방해하고 떠들 경우 자리를 조정할 수도 있다는 사실을 학생들에게 미리 알려 줍니다. 몇 번 경고를 하고 부탁을 하면 거의 자리를 조정해야 하는 상황은 발생하지 않지만 물리적, 정신적 피해가 야기될 위험이 있을 때는 간혹 자리를 조정해야 하는 경우가 있습니다. 모둠 구성은 어디까지나 좋은 수업을 위한 것이지, 다른 학생들에게까지 피해를 주는 최악의 상황은 막아야 합니다.

창의성은 서로 다른 인식과 경험의 충돌에서 나온다. 창의적인 사람들은 다양한 경험과 능력을 십분 활용하여 반짝이는 아이디어를 만들어낸다.

스튜어트 다이아몬드, 『어떻게 원하는 것을 얻는가?』 중

TIP 꿈을 담은 교실 만들기 사업

이 사업은 학생들의 주된 생활공간인 교실을 창의적·감성적인 공간으로 조성하여 새로운 미래형 교실모델을 제시하는 것으로, 서울시 교육청이 기획하고 서울시에서 지원하는 사업입니다. 그 과정에서 직접 개선 작업에 참여하는 건축가가 실 사용자인 학생, 교사의 의견을 수렴합니다. 이 사업이 우리의 교육 공간을 보다 따뜻하게 변화시켜 좋은 수업이 만들어 지는 데 긍정적인 영향을 주면 좋겠다는 바람이 있습니다.

말굽형(토론식)으로 앉은 교실 모습. 출처: ⓒ na seunghyun

좋은 수업 만들기 체크리스트

존스홉킨스 의대의 피터 프로노보스트^{Peter Pronovost} 교수는 당시에 연간 약 4만 명이 정맥관 삽입 수술시 혈액이 감염되어 사망한다는 점을 발견했고, 정맥관 삽입 시 5단계의 체크리스트를 따르게 함으로써 감염률을 0% 가까이로 떨어뜨린 공로가 있습니다[36]. 저는 이 교수님의 이야기를 들으며 예전에 읽었던 『닥터 노구찌』라는 만화책에서 나왔던 멋진 말이 떠올랐습니다.

"의사는 70% 80%의 치료율을 목표로 하면 되는 것이 아니다. 의사는 자고로 '100이면 100' 모든 환자를 살리는 목표를 가지고 가야 한다."라는 말이었습니다.

우리 수업도 이와 마찬가지가 않을까요?
교사들은 모든 학생을 포기하지 않고 모든 학생의 배움을 위해서 노력해야 합니다.
다음의 체크리스트를 통해 수업 성공률 100%를 향해 노력해보는 것은 어떨까요?
우측의 체크리스트는 앞에서 다뤘던 내용을 기반으로 만든 개인적인 체크리스트일 뿐입니다. 이 책을 읽으실지 모를 여러 교육자분께서도 한번 자기만의 체크리스트를 만들어 수업해 보실 것을 제안해봅니다.

◇ 학생과 교사 사이

목표				학생들이 수업의 의미를 찾고 공감하도록 도와주는가?
		수업 의미 찾기		학생들이 수업의 의미를 찾고 공감하도록 도와주는가?
	동기유발 – 관련성	외부적 관련성 – 삶과의 관련성		학생들의 실제 삶에 관련된 교육 내용인가?
			전이	가정에서 가져온 사전지식을 반영하여 전이가 일어나도록 도와주는가?
			교실화 수업	배움을 교실의 삶과 연결하는가?
		내부적 관련성 – 나와의 관련성		나와 관련이 있는 내용인가?
			기본적 욕구 충족	학생의 기본적 욕구(안전, 고통 완화)를 충족시켜 주는가?
			개인적 목표 달성	학생 개인의 목표를 달성하도록 도와주는가?
		심진 인지적 부조화		모순되는 정보에 접근하여 지적 균형을 잃게 하는가?
	구체성 – 간결성			목표를 설명할 때 15초를 넘지 않으며 구체적이고 간결하게 지시하는가?
	지속성			학생들이 임계치를 넘을 수 있도록 지속적인 노력을 하도록 지도하는가?
	적절성			학생의 수준을 고려한 교육내용을 선정하였는가?
방법	활동	일관성		활동이 수업 목표와 일관성이 있나?
		흐름		학생들이 머리-가슴-다리의 수업 단계를 충분히 밟도록 활동을 구성하는가?
		공유와 실천		공유하고 실천할 수 있는 활동을 제시하는가?
		자율성		학생의 자율성이 포함되도록 수업 주도권을 조절하는가?
		자유		학생들이 자유롭게 활동에 참여할 수 있게 하는가?
		시간		학생들이 활동할 수 있는 시간을 적어도 3분은 주고, 학생마다 배움의 정도에 따라 활동 시간을 조절하는가?

방법	활동	학습 양식	다양한 학습 양식(청각, 시각, 운동 감각)으로 활동을 제시하는가?	
			청각적 학습자 20%	청각적 학습자를 고려한 수업을 하는가?
			시각적 학습자 40%	시각적 학습자를 고려한 수업을 하는가?
			운동 감각적 학습자 20%	운동 감각적 학습자를 고려한 수업을 하는가?
		즉흥성과 수업디자인	수업의 즉흥성을 유연하게 반영할 수 있는 수업디자인을 준비하는가?	
	발화	설명	학생들이 이해하기 쉽도록 효과적으로 설명하는가?	
		질문	자기 나름의 생각을 갖도록 질문하는가?	
			수업 단계 질문	머리, 가슴, 다리 질문을 각 단계에 맞게 질문하는가?
			사고 수준 단계 질문	사고 수준의 단계가 반영된 질문을 하는가?
			사고 유형 질문	사고 유형에 따라 적절한 질문을 하는가?
			교육목표 분류체계 질문	교육목표 분류체계에 따라 질문을 하는가?
		기다림	학생의 대답을 3초 이상 기다려 주고, 나중에 기회를 한 번 더 주는가?	
태도	교사가 학생을 포기하지 않고, 교육을 통한 학생들의 변화에 긍정적인 태도를 유지하는가?			
	관계	교사와 학생이 좋은 관계를 맺는가?		
	감정	학생이 좋은 감정으로 수업에 참여하도록 도와주는가?		
	경청	교사가 학생의 의견을 경청하는가?		
	공감	교사가 학생의 말에 적극적으로 공감하고 반응해 주는가?		
	자존감	교사가 학생의 자존감을 지켜주기 위해서 노력하는가?		
	칭찬	되도록 설명하는 칭찬을 하는가?		
	허용	교사와 다르거나 엉뚱하고 틀린 대답도 허용해 주는가?		
	한계	수업 주도권의 한계와 현실적인 한계를 설정하는가?		
평가	테스트가 아닌 피드백을 위해 다양한 지식을 평가하는가?			

◇ 학생과 텍스트 사이

좋은 텍스트		메시지와 감정이 수용자에게 쉽게 전달되어 공감할 수 있고 쓰는 이와 읽는 이 모두의 삶이 행복해질 수 있는 텍스트인가?
	온책읽기	학생들이 감정을 이입하고 공감하게 하는 텍스트인가?
	인문 고전	진리를 배움으로써 관점과 사유가 성장하고, 그 결과 성숙한 인격을 가지고 새로운 차원에서 삶의 문제를 해결할 수 있는 텍스트인가?
학습지 구성	사고수준	학습지가 학생들의 사고수준의 단계에 맞게 구성이 되어 있는가?
	여백 생각 쓰기 공책	공책에 학생들의 생각을 자유롭게 적을만한 충분한 공간을 주었는가?

◇ 학생과 다른 학생 사이

도움	학생들이 멘토–멘티 제도를 통해 서로 도움을 주는가?
베껴 쓰기	친구의 의견과 생각을 베껴 쓸 수 있도록 허용해 주는가?

◇ 학생과 환경 사이

자리 배치	학생들의 사고를 모으는 데에 적절한 자리 배치를 하는가?
모둠 구성	모둠 활동을 통해서 협동하는 배움이 일어나도록 도와주는가?

온책읽기 활동목록

온책읽기 활동들을 읽기 전 활동, 읽기 중 활동, 읽은 후의 활동으로 나누어 제안하고 싶습니다.

1) 읽기 전 활동

- 삽화를 보며 그림 내용 추론하기
- 표지그림 상상하여 그려보기
- 브레인 스토밍 하기

  예시) 해적 하면 떠오르는 것들을 1분 동안 많이 적어보세요.
- 3분 동안 책의 6가지 주제에 대해 6모둠이 돌려가며 브레인스토밍하기
  - 인물—등장인물, 성격, 특징, 행동, 말
  - 사건, 발단, 전개, 절정, 결말
  - 배경—상황, 시대적, 공간적
- 책 제목이나 주인공 이름을 이야기를 담아 문자로 표현하기
- 그림 4장을 보고 어울리는 제목을 붙이고 도입, 전개, 절정, 결말이 분명히 드러나게 이야기를 지어서 써 보기

2) 읽기 중 활동

- 인물들에게 별명 붙이고 이유 설명하기
- 주인공의 시간에 따른 감정선을 꺾은 선 그래프와 막대 그래프로 나타내기
- 나잇대 별로(연도별로) 있었던 일 표현하기

  예시) 1살 or 1870년 3월
- 핫시팅으로 인물의 생각을 알아보기
- 인터뷰할 질문과 예상 대답 적기
- 인상적인 구절 찾기
- 장면, 인물 그림 그리기

- 모르는 단어 찾기
- 배경 지식 찾기
- 책의 주제를 표어, 명언으로 만들어 쓰기
- 삼행시 짓기
- 이동장소를 지도에 표시해 보기
- 사진 장면으로 나타내기-판토마임
- 스무고개하기
- 마인드맵 그리기
- 책 소개 하기
  - 책에서 가장 감동하였거나 재미있었던 장면을 정리하여 책 소개 광고 만들기
  - 홈쇼핑 광고 만들기
- 만화로 표현하기
- 감정어 사전에서 감정어를 보고 사건에 따른 마음 날씨를 그림으로 그리기
- 업앤 다운 게임 ~가 올라가면 ~가 내려가고 ~가 올라가면 ~가 내려가고
- 감정과 이성 게임
- '내가 만약 ~라면 어떤 결정을 할까?' 글짓기
- '~로 환생한다면 하루가 어떨까?' 일기 쓰기
- 등장인물 ~가 내 자식으로 태어난다면 부모로서 해주고 싶은 조언 3가지
- 내가 투명인간이자 슈퍼맨이 된다면 이야기 속에서 어떻게 활약할 것인가?
- 20년 후의 등장인물 모습 상상하기
- 각각의 등장인물들이 추구하는 삶 생각해 보기
- 견문과 감상으로 나누어 읽기
- 인형극 하기
- 인물의 느낌을 색과 모양으로 표현하기
- 인물의 말과 행동 모아 적어 성격 파악하기
- 등장인물을 비유적 표현(동물이나 다른 사물에 빗대어) 소개하기
- 이야기 사건 바꿔쓰기
- 시로 바꿔쓰기

- 이야기 속 6대 뉴스 선정하고 뉴스 발표하기
- 이야기 속 6대 뉴스 신문기사 써보기
- 장면을 돋보기로 보듯 아주 정확하게 묘사하기
- 바른말 고운 말 교육, 욕 교육 하기
- 단어의 동의어 반의어 찾기
- 한 단락마다 주제를 정하고 정리하기
- 책 속에 등장한 식물 찾기
- 책 속에 등장한 장소들에 구글 지도로 직접 가보기
- 등장인물들이 경험한 것을 똑같이 직접 경험해 보기
- 책 속에 나온 책 읽기
- 내용과 관련된 다른 책을 함께 읽기

3) 읽기 후 활동

- 역할놀이
- 인물에게 편지쓰기
- 작가가 이 글을 쓴 이유 찾아보기
- 주장하는 글 쓰기 - 뒷받침하는 근거 2개 찾기
- 작문하기-책을 보게 된 계기, 보기 전 그 책에 대한 생각, 책의 전반적인
  내용, 인상 깊었던 문장과 이유, 자기에게 주는 의미 등을 써보기
- 토론하기
- 명언을 적어 책갈피 만들기
- 감상-느낀 점, 알게 된 점, 인상 깊은 점 쓰기
- 이어질 내용 상상하기
- A4 8등분 책 만들어 주요장면 그리기
- 앞으로 일어난 일 생각하며 미래 일기 적기
- 육하원칙에 의해 줄거리 쓰기
- 주제가로 만들기

- 시화 그리기
- 분석, 분류하기
- 비교/대조하기 그림에 맞춰 벤다이어그램으로 그리기
- 주어 서술어 목적어 게임 하기
- 엽서 만들기
- 서로의 글 고쳐주기
- 관점을 바꾸어 글 바꿔 쓰기
- 글의 종류 바꿔쓰기(시나리오, 시, 글)
- 4명이 역할 나눠 실감 나게 읽기
- 내가 만드는 독서 퀴즈 독서 골든벨
- 독서문제로 주사위 던지고 문제 맞춰서 말판놀이, 윷놀이하기
- 상장 주기
- 연설문 쓰기
- '내가 만약 주인공이었다면?' '만약 ~가 일어나지 않았더라면?'
  가정해보고 상상하며 글쓰기
- 주인공의 모습 상상해서 그리기
- 자신이 겪은 비슷한 경험 나누기
- 극본으로 표현하기-해설 대사 지문
- 주인공이 되어 '나는 용서한다' '나는 두렵다'로 시작하는 글쓰기

토론 수업 방법

토론의 유의점

∘ 토론에 들어가기 전 생각한 바를 미리 기록하도록 한다. 자기 생각이 확립되었을 때 비로소 이야기 나누기에 스스로 참여할 수 있다.

∘ 사회자가 전담하여 정리하게 하면 안 된다. 각 토론 팀별로 정리할 수 있게 해야 한다. 전원 각자 자기 말로 정리할 수 있도록 해야 한다.

∘ 사회자는 차시마다 바꿔해야 한다.

∘ 교사는 칠판을 좌우로 양분하여 판서하고 적절한 도움만 주어야 한다. 엉뚱한 흐름으로 가는 경우 원위치로 돌려놓는 역할을 한다.

∘ 반드시 시간을 제한하여 그 시간 내에 발표하도록 한다. 시간을 제한하여 핵심을 골라 말하는 방법을 학습하게 되며 수업시간의 낭비를 예방할 수 있다.

『수업 기술의 정석 모색』 중

토론 수업형 자리 배치

240

김병원 교수의 '신세대 토론 방식'을 수업에 적용한 우지영 선생님의 독서 토론 학습지.

토론 사회자

◆ 저는 오늘 토론 사회를 맡은 _____입니다. 토론에 참가하는 토론자와 질문자를 소개해 드리겠습니다.

◇ 먼저, 찬성쪽 토론자는 _____, _____, _____ 어린이, 질문자는 _____, _____ 어린이입니다. 다음으로 반대쪽 토론자는 _____, _____, _____ 어린이, 질문자는 _____, _____ 어린이입니다.

◆ 본격적인 토론에 앞서 토론 규칙을 간단하게 말씀드리겠습니다. 찬성과 반대 토론자에게는 각각 2분씩의 시간이 주어집니다. 2분 동안 의견을 말씀하시고, 2분이 지나면 종을 치겠으니 종을 치면, 발언을 멈추어 주시기 바랍니다. 발언 내용에 대하여 찬성측과 반대측 각각 두 번의 질문을 할 수 있으며 질문 시간은 1분이고, 대답도 1분 이내에 하면 됩니다. 토론은 찬성1, 질의응답, 반대1, 질의응답 / 찬성2, 질의응답, 반대2, 질의응답 / 반대3, 찬성3의 순서로 진행하겠습니다. 찬성, 반대 두 팀은 모두 작전시간을 두 번까지 사용할 수 있습니다. 작전시간은 각각 1분씩 드리겠습니다. 판정인 여러분들은 토론 내용을 잘 들으시고, 점수를 주시기 바랍니다.

◇ 그러면 지금부터 '_____'을 읽고 정한 '_____'라는 안건으로 토론을 시작하겠습니다.

◆ 먼저 찬성쪽 1번 토론자 발표해 주십시오.

◇ 반대쪽 질문자 질문해 주십시오.

◇ 찬성쪽 답변해 주시기 바랍니다.

◇ 다음으로 반대쪽 1번 토론자 발표해 주시기 바랍니다.

◇ 찬성쪽 질문해 주십시오.

◇ 반대쪽 답변해 주십시오.

◆ 이번에는 2번 토론자의 접전을 듣도록 하겠습니다. 찬성쪽 2번 토론자 발표해 주십시오.

◇ 반대쪽 질문자 질문해 주십시오.

◇ 찬성쪽 답변해 주시기 바랍니다.

◇ 다음으로 반대쪽 2번 토론자 발표해 주시기 바랍니다.

◇ 찬성쪽 질문해 주십시오.

◇ 반대쪽 답변해 주십시오.

◆ 그럼 마지막으로 3번 토론자의 접전을 듣도록 하겠습니다. 반대쪽 3번 토론자 먼저 발표해 주시기 바랍니다.

◇ 찬성쪽 마지막 토론자 발표해 주시기 바랍니다.

◆ 이상으로 '_____'라는 안건에 대한 토론을 마치겠습니다.(박수) 감사합니다.

토론 점수판(판정인)

년   월   일   이름 (   )
　　책 제목 (   ) 토론 주제
　　　　─────────────────

찬성				반대			
찬성1 ( )	이유		0 1 2	반대1 ( )	이유		0 1 2
	설명		0 1 2		설명		0 1 2
	반론꺾기		0 1 2		반론꺾기		0 1 2
	정리		0 1 2		정리		0 1 2
질문1 ( )	질문		-1 0 1	질문1 ( )	질문		-1 0 1
찬성2 ( )	이유		0 1 2	반대2 ( )	이유		0 1 2
	설명		0 1 2		설명		0 1 2
	반론꺾기		0 1 2		반론꺾기		0 1 2
	정리		0 1 2		정리		0 1 2
질문2 ( )	질문		-1 0 1	질문2 ( )	질문		-1 0 1
찬성3 ( )	이유		0 1 2	반대3 ( )	이유		0 1 2
	설명		0 1 2		설명		0 1 2
	반론꺾기		0 1 2		반론꺾기		0 1 2
	정리		0 1 2		정리		0 1 2
점수계				점수계			

※ 각 항목의 내용이 있으면 1점, 내용이 좋으면 2점, 없으면 0점에 동그라미하세요. 질문자의 경우에는 질문한 내용에 상대방이 대답을 못 하였으면 1점, 대답을 잘 하였으면 -1점에 동그라미 하세요. 전체 점수를 합산하여 많은 점수를 받은 팀이 승리합니다.

토론 활동지

년   월   일   요일   이름 : (   )

책 제목 :	지은이 :

토론 안건 :

안건 및 결론 : 저는

라는 안건에 대하여 찬성 / 반대

합니다.

이유 : 그 이유는

이기 때문입니다.

이유의 설명(책의 내용, 나의 경험, 통계 자료, 전문가 의견, 속담, 격언,
일반적 사실 등)

예상되는 반론 : 제 의견에 대하여 찬성/반대쪽에서는

라는 반론을 제기할 수 있습니다.

반론 꺾기 : 하지만 이 반론은 **옳지 않습니다.**

때문입니다.

정리 : 따라서 저는   ~~라는 안건에
대하여

~~라는 반론이 있겠지만

~~라는 이유로

찬성 / 반대 합니다.

준비물 없이 하는 놀이 활동

인간은 호모 루덴스^{Homo Ludens}, 즉 유희의 인간입니다. 짬짬이 시간 날 때마다 수업 시간에 준비물 없이 할 수 있는 놀이를 하는 것도 수업에 큰 도움이 됩니다. 목표에 일관되게 수업시간에 녹여 낸다면 좋은 활동으로 학생들과 시간을 보낼 수 있습니다.

훈민정음	두부 게임
후라이팬 놀이	더게임오브데스
호빵찐빵대빵	구구단
헷갈려	고백점프
홍삼 게임	경마 게임
핑거스	369 게임
인간제로 게임	007빵 게임
딸기 게임	곰발바닥
바니바니 게임	공동묘지
눈치 게임	

* 위 놀이 활동 목록 중 구체적인 활동 방법을 알고자 하신 분들은 파란정원콘텐츠연구소에서 펴낸 게임북을 참고하거나 간단히 소개해 놓은 링크(→ goo.gl/rRW2Ge)를 찾아가면 몇 가지 정보를 얻을 수 있습니다.

1   감옥으로부터의 사색 | 신영복 | 돌베게 | 1998

2   교사 수업에서 나를 만나다 | 김태현 | 좋은교사 | 2012

3   교육론 | 존 로크 | 비봉출판사 | 2011

4   교육을 바꾸는 힘, 감성교육 | 홍영미 외 | 즐거운학교 | 2013

5   나는 누구인가 | 강신주 외 | 21세기북스 | 2014

6   내 아이를 위한 인문학 교육법 | 이지성 | 차이정원 | 2016

7   내 아이를 위한 칼 비테 교육법 | 이지성 | 차이정원 | 2017

8   내일 수업 어떻게 하지? | 아이함께 | 살림터 | 2015

9   노력금지 | 놀공발전소 | 이야기나무 | 2013

10 논어 | 공자 | 홍익출판사 | 1999

11 담론 | 신영복 | 돌베개 | 2015

12 담임이 이끌어 가는 학급상담 | 학지사 | 2005

13 명강의를 위한 40가지 이야기 | 차갑부 | 교육과학사 | 2009

14 모두가 참여하는 수업에는 법칙이 있다 | 한형식 | 즐거운학교 | 2015

15 못참는 아이 욱하는 부모 | 오은영 | KOREA.COM | 2016

16 무지개원리 | 차동엽 | 인포마당 | 2008

17 부모공부 | 고영성 | 스마트북스 | 2016

18 부모와 십대 사이 | 하임 G. 기너트 | 양철북 | 2007

19 BK선생님의 쉬운 수업레시피 | 김백균 | 지식프레임 | 2016

20 서당공부 오래된 인문학의 길 | 한재훈 | 갈라파고스 | 2014

21 수업 시작 5분을 잡아라 | 허승환 | 즐거운학교 | 2011

22 수업기술의 정석 모색 | 한형식 | 교육과학사 | 2008

50 페스탈로치의 생애와 사상 | 김정환 | 박영사 | 2000

51 핀란드 교육의 성공 | 후쿠타 세이지 | 북스힐 | 2006

52 학문의 즐거움 | 히로나카 헤이스케 | 김영사 | 2010

53 행복한 교실을 만드는 5가지 사랑의 언어 | 게리 채프먼, D.M.프리드 | 2015

54 현명한 부모는 자신의 행복을 먼저 선택한다 | 신의진 | 갤리온 | 2006

55 Brookhart, S.M.(2001). Successful students' formative and summative uses of assessment information. Assessment in Education, 8(2), 153-170.

56 Mathew, D.Lieberman(2007). Putting Feelings Into Words. Psychological Science Journal, 18(5), 421-428

57 Sousa, D. (2006). How the brain learns (3rd ed.). Thousand Oaks, CA: Corwin Press.

58 읽다 | 김영하 | 문학동네 | 2015

59 언스크립티드 | 엠제이 드마코 | 토트 | 2018

60 4시간 | 티모시 페리스 | 부키 | 2008

61 부의 추월차선 | 엠제이 드마코 | 토트 | 2013

62 타이탄의 도구들 | 팀 페리스 | 토네이도 | 2017

63 꿈담가이드북 | 서울특별시교육청 | 2018

64 앱과 구글로 지금 당장 해보는 스마트 교육 | 김원유, 최섭 | 정일 | 2015

참고문헌

도서출판 이비컴의 실용서 브랜드 **이비락**(變)은 더불어 사는 삶에
긍정의 변화를 줄 유익한 책을 만들기 위해 끊임없이 노력합니다.

원고 및 기획안 문의 : bookbee@naver.com